立体切り絵作家SouMaの
ジュエリー＆
アクセサリー図案集

SouMa

産業編集センター

目次と作品紹介　Contents & Works...

- SouMaの立体切り絵とは ……… P.8
- 必要な道具 ……… P.9
- カッターの使い方 ……… P.9
- 下絵の使い方 ……… P.10
- 作品制作の流れ ……… P.11
- 切り方のポイント ……… P.12

- SouMaの創作作品集 ……… P.98

©Kaminote nippon

NO.1 ジュエリー
作品紹介 ………… P.16
下絵、作り方 …… P.18

NO.2 リング
作品紹介 ………… P.20
下絵、作り方 …… P.22

NO.3 イヤリング-Ⅰ
作品紹介 ………… P.24
下絵、作り方 …… P.26

NO.4 イヤリング-Ⅱ
作品紹介 ………… P.25
下絵、作り方 …… P.28

NO.5 ブローチ-I

作品紹介 ………… P.30
下絵、作り方 …… P.32

NO.6 ブローチ-II

作品紹介 ………… P.34
下絵、作り方 …… P.36

NO.7 ペンダント-I

作品紹介 ………… P.38
下絵、作り方 …… P.40

NO.8 ペンダント-II

作品紹介 ………… P.44
下絵、作り方 …… P.46

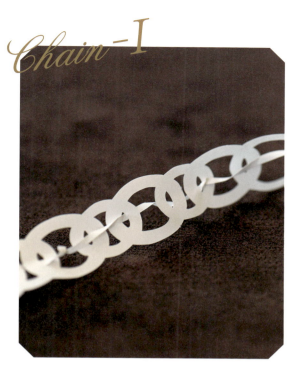

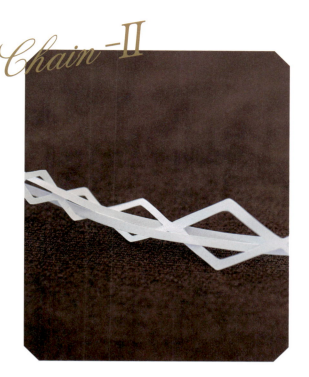

NO.9 チェーン-Ⅰ

作品紹介 ………… P.48
下絵、作り方 …… P.50

NO.10 チェーン-Ⅱ

作品紹介 ………… P.48
下絵、作り方 …… P.52

NO.11 ネックレス-Ⅰ

作品紹介 ………… P.54
下絵、作り方 …… P.56

NO.12 ネックレス-Ⅱ

作品紹介 ………… P.58
下絵、作り方 …… P.60

NO.13 ブレスレット-Ⅰ

作品紹介 ………… P.62
下絵、作り方 …… P.64

NO.14 ブレスレット-Ⅱ

作品紹介 ………… P.66
下絵、作り方 …… P.67

NO.15 ティアラ-Ⅰ

作品紹介 ………… P.70
下絵、作り方 …… P.72

NO.16 ティアラ-Ⅱ

作品紹介 ………… P.74
下絵、作り方 …… P.76

Cocktail hat -Ⅰ

NO.17 カクテルハット-Ⅰ
作品紹介 ………… P.78
下絵、作り方 …… P.79

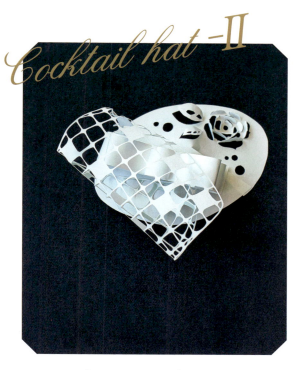

Cocktail hat -Ⅱ

NO.18 カクテルハット-Ⅱ
作品紹介 ………… P.82
下絵、作り方 …… P.84

Kanzashi -Ⅰ

NO.19 かんざし-Ⅰ
作品紹介 ………… P.88
下絵、作り方 …… P.90

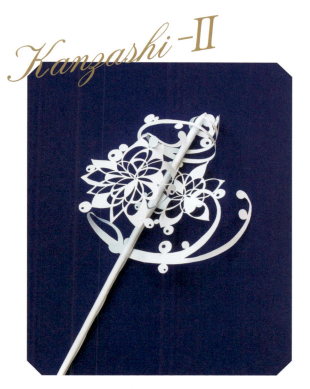

Kanzashi -Ⅱ

NO.20 かんざし-Ⅱ
作品紹介 ………… P.94
下絵、作り方 …… P.95

SouMaの立体切り絵とは

1枚の紙を切り離すことなく、
1本のカッターで切り進めながらつくる
立体の切り絵作品。

コピー用紙と同程度の薄さの一般的な紙を使用し、
簡単な設計図のようなもの以外は用意せず、
頭の中で考えながら切り進めていきます。

1mmにも満たない装飾が無数に散りばめられた、
繊細な美しいデザイン。
作品はすべてSouMaのオリジナルです。

雪解けの時（2013）　©Kaminote nippon

本書は、SouMaの繊細で豪華な装飾をモチーフに取り入れた、
ジュエリーとアクセサリーの作品を中心にしたレッスン集です。
実際に身につけることができる作品もあります。
下絵を元に切っていくので、
SouMaがデザインしたとおりに作品を完成させることができます。
1mm単位の細かな作品も多く、切り絵経験者のかたでも楽しめます。

必要な道具

①カッター

本書では30°Cの刃をセットしたデザインナイフを使用しています。小回りの利くものであれば、市販のカッターナイフでも可。

②下絵用紙
本書の下絵をコピーした用紙。

③カッターマット
下絵用紙の下に敷いて使用。本書の作品をつくるには、最大でもA4程度の大きさがあれば大丈夫です。

④つまようじ
ボンドをつけたり、紙をカールさせるのに使用します。

⑤小さな紙
ボンドを出す受け皿として使用します。ポストイットなどがおすすめです。

⑥ボンド
紙を固定するときに使用します。水っぽく、薄く伸びやすい速乾タイプのものを。

⑦コピー用紙
一般的に市販されている、白いコピー用紙で可。SouMaは連量55kgの上質紙を使用しています。

⑧替え刃

デザインナイフで切る場合は、替え刃も用意しておきましょう。本書では刃先が30°Cの刃を使用しています。

カッターの使い方

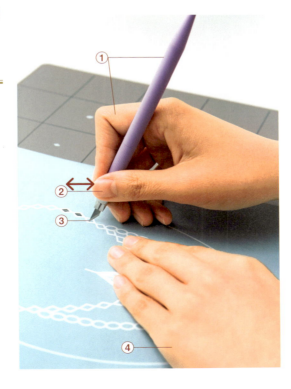

①ペンと同じ持ち方
鉛筆やペンと同じ持ち方で柄を軽く握り、力を入れずに刃を動かします。柄はなるべく立てましょう。

②刃の向きは親指で変える
親指を前後に動かし柄を回すようにして、刃の向きを変えます。力を入れずに軽く動かすこと。

③刃は寝かさない
刃はなるべく寝かせたり、斜めにしたりせずに、紙に当たる面積を少なくして切り進めます。

④反対の手で軽くおさえる
カッターを持たないほうの手は、力を入れずにそっと下絵をおさえましょう。紙が湿気らないよう注意します。

⑤刃は深く刺さない

刃は深く刺さずに、ペンで書いているのと同じ感覚で。スーッと刃を動かせる程度に軽く刺します。

⑥切る方向を変える

紙はなるべく動かさずに、刃の向きを変えて切り進めるようにします。ただ、切りづらい場合は紙を回しても可。

下絵の使い方

①コピーする大きさ
「原寸大」となっている場合は、100%で設定してコピーしてください。「125%に拡大コピー」などと指示されている場合は、その数値どおりに設定してコピーしてください。

②白い部分を切り抜く
下絵の白い部分が作品になります（一部例外あり）。外側の紙の色が残らないよう、白い線の少し内側を意識して切り抜きましょう。

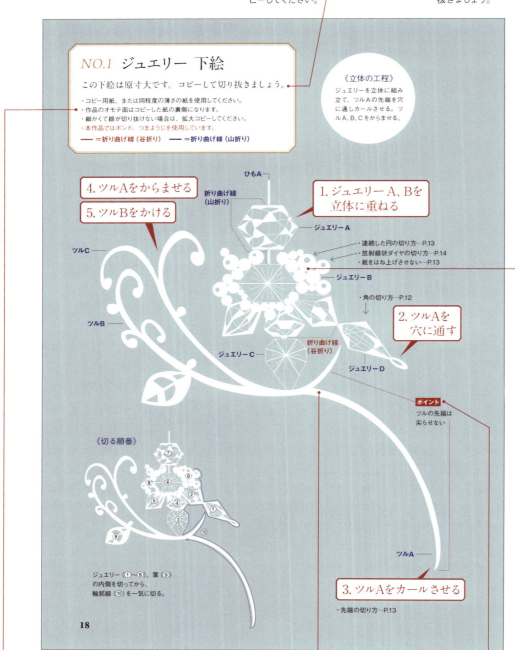

③コピー用紙の適正サイズ
原寸大でコピーの指定がされている作品はB5サイズ、拡大コピーが指定されている作品はA4サイズのコピー用紙が適正です。

④拡大・縮小も可
作品が細かくて切り抜けない場合は、拡大コピーすると切りやすくなります。反対に縮小してより細かい作品にすることも可。

⑤作品のオモテ面
コピーした下絵を反対に返した裏側が、作品のオモテ面になります（一部例外あり）。そのため、下絵と完成作品の図柄が反対になります。

⑥工程やポイントを確認する
切り進める順番、立体の工程、ポイントを確認しておきましょう。重要なポイント、立体の組み立て方法は次のページに写真で紹介しています。

作品制作の流れ

1. 下絵をコピーする

本誌から作りたい作品の下絵を、コピー用紙にコピーする。カラーでもモノクロでも可。

2. 内側の細かい部分から切り抜く

まずは内側の細かい部分から、中心から外側に向かって切り抜いていく。

3. 外枠の輪郭線は最後に切る

内側をすべて切り抜いてから、最後に外枠の輪郭線を一気に切る。

4. 一部分を切り残しておく場合も

紙が動いて切りづらい部分がある時は、外枠の輪郭線の一部を切り離さずに残しておく場合も。

5. 作品を紙から抜く

指や刃でおさえながら、作品を紙から丁寧に抜き取る。

6. 作品をオモテ面に返す

作品のオモテ面は、下絵を切り抜いた時点では裏側になっているので、オモテ面に返してから立体に組み立てる（例外もあり）。

7. 立体にする

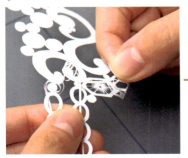

パーツを折ったり、編んだり、重ねるなどして作品を立体に組み立てる。

8. 作品を固定する

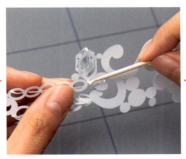

作品によっては、組み立てた部分がはずれないよう、ボンドで貼り合わせて固定する。

9. 作品の完成

一部の作品は実際に身につけることも可。

切り方のポイント

より切りやすく、きれいに仕上げるための切り方のポイントを紹介しています。作品をつくる前や途中で、わからないところを確認してください。

どの作品にもあてはまる基本のポイント

● **手に力を入れない**
→上手に切れない、スムーズに切れない原因のほとんどは「力の入れ過ぎ」が原因です。

● **内から外へ向かって切る**
→作品を切るときは、作品の内側、細かい部分から切っていき、だんだんと外側に向かっていくように切ります。

● **左から右に切る**
→切り終えた部分に触れないよう、なるべく左から右に切るようにしましょう（左利きは右から左に）。

● **なるべく切り続ける**
→刃の動きを何度も止めていると、その度に切れ目ができてしまいます。なるべく1か所は1回で切り終えましょう。

● **輪郭線は最後に切る**
→最初に外側の輪郭線を切ると紙が動き、細かい内側の装飾が切りにくくなります。輪郭線は最後に一気に切ります。

● **紙の変化に気をつける**
→湿気が多いと紙はしなりやすくなり、コピーしたインク量が多いと刃が紙に引っかかりやすくなります。

円の切り方

2回に分けて切り抜く
大小問わず、円は半分に分けて2回で切り抜くときれいに仕上がります。

写真は作品NO.2

カーブのある線の切り方

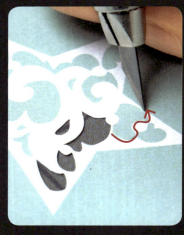

力を入れずに刃を動かす
曲線を切るときは、刃を浅く刺し、力を入れずに、刃を離さずにスムーズに切り続けるよう意識しましょう。

写真は作品NO.8
その他にNO.18など

角の切り方

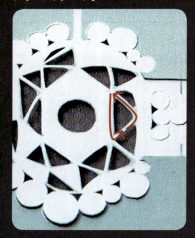

紙の圧縮を利用して丸く切るようにする
角で刃の動きを止めると切れ目になってしまうので、刃の動きを止めずに少し丸く切るように切り進めます。紙の繊維を角に寄せ、繊維を圧縮させるように意識しましょう。

写真は作品NO.2
その他にNO.10など

モチーフの連続を切り抜く順番

となり合わせに切り抜いていく
細かいモチーフの連続が続くときは、左から右（左利きは右から左に）、中心から外側へ、となり合わせに切り進めるといいでしょう。

写真は作品NO.20
その他にNO.8など

連続した直線の切り方

焦点をずらすと切りやすい

どの線を切っているか視点が合わなくなりやすいので、直線から視点の焦点をずらすようにして切るのがおすすめです。

写真は作品NO.14
その他にNO.19

連続した円の切り方

すき間を丁寧に切り抜いて円に見せる

円のモチーフが連続しているときは、細かいすき間を丁寧に切り抜くことで、円の形をきれいに出すことができます。

写真は作品NO.1
その他にNO.2、NO.15など

切り込み線の切り方

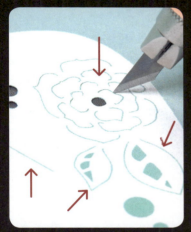

線のとおりに切り込みを入れる

切り込み線は、線のとおりに刃を入れて切れ目を入れます。1本の線はなるべく1回で切るようにしましょう。

写真は作品NO.18
その他にNO.2、NO.16など

先端の切り方

刃を止めずに向きを変えて尖らせない

刃を止めたり離してしまうと、先端が尖り、紙が弱くなってしまいます。刃を止めずに少し丸みをつけるように切りましょう。

写真は作品NO.5
その他にNO.1、NO.14など

紙をはね上げさせない

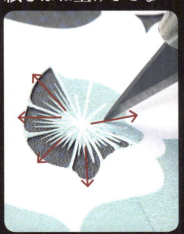

内から外に向けて切る

先端など、紙がはね上がってしまうのを防ぎたいときは、内側から外側へ向かって切るとはね上がりません。はね上げさせたい場合は、外から内に切ります。

写真は作品NO.16
その他にNO.8、NO.19など

ひもの編み方

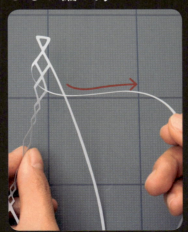

ひと編みずつしっかり引ききる

ひも状のパーツで作品を編むときは、ひと編みずつ、必要な分だけひもを引ききりましょう。

写真は作品NO.10
その他にNO.9、NO.14など

切り方のポイント

ボンドのつけ方

少量のボンドをつまようじにつける
小さな紙（ポストイットなど）に、ボンドを出し、つまようじにごく少量つけます。

貼り合わせたい場所にボンドをつける
ボンドをつけたらすぐに貼り合わせます。接着力が強く乾きやすく、薄く伸びやすいタイプのボンドを選びましょう。

写真は作品NO.1
その他にNO.7、NO.17など

放射線状ダイヤの切り方

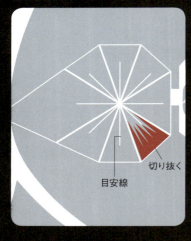

目安線
切り抜く

目安線を頼りに放射線状に切り抜く
左図のように、放射線状になっているダイヤの下絵図は、目安線を頼りに自分で放射線状に枠内を切り抜いてみましょう（下絵図の線どおりに切り抜くのもOKです）。

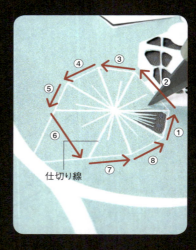

仕切り線

枠ごとに切り抜いていく
外枠まで到達している線を仕切り線として、8つの枠があると考え（左図参照）、枠ごとに切り抜いていきます。

目安線の長さ
外に向かって切る

目安線の長さまで放射を伸ばす
目安線の長さは放射線を伸ばす長さを表しています。目安なので、長くしても短くしてもOKです。また、放射線の数を増やしても減らしても可。紙がはね上がらないよう、中心から外に向かって切ります。

中心をダイヤ型に切り抜く
最後に、中心をダイヤ型に切り抜きます。大きさや向きは自由に。切り抜かなくてもOKです。

写真は作品NO.1
その他にNO.11、NO.13

つまようじでカールさせる

※カッターの柄でカールや、クセをつけるときも同様にします。カッターの柄よりもつまようじのほうが、より細かく、多様なカールがつけやすいです。

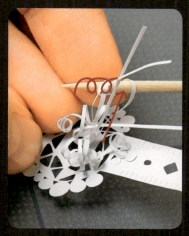

細かくカール
紙を少し上に引っぱりながら、くるくると細かくつまようじに巻きつけます。少し待ってから、つまようじを抜きます。

写真は作品NO.2
その他にNO.13、NO.19など

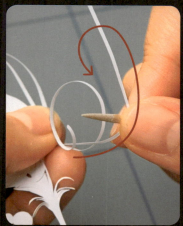

大きくカール
曲線を描くように紙を引っぱりながら、つまようじでクセをつけてカールさせます。何度かくり返し、好きな形に整えます。

写真は作品NO.6
その他にNO.1、NO.5など

羽の切り方

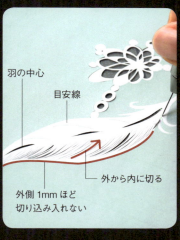

羽の中心
目安線
外から内に切る
外側1mmほど切り込み入れない

外から内に向かって切る
羽の中心を切り抜いたら、外側から1mmほど離した位置から、目安線に沿って外側から内に向かって（紙がはね上がるよう意識しながら）羽の切り込みを入れていきます。

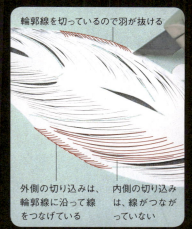

輪郭線を切っているので羽が抜ける
外側の切り込みは、輪郭線に沿って線をつなげている
内側の切り込みは、線がつながっていない

外側に切り込みを入れる
切り残しておいた外側の1mmほどに、同様の角度から、外から内に向かってさらに細かく切り込みを入れていきます。このとき、一番外側の線を輪郭線に沿ってつなげて切ることで、羽が紙から抜けます。

先まで切りこむ
切り抜いた部分
ここも切り込む

より自然な羽に見えるように
外から内に切ることで、紙をはね上げさせることができます。ところどころ強く紙をはね上げたり、線と線をつなげて切り抜いたりして、自然な羽になるよう意識してみましょう。

切り込みを外側から一度にした場合

外側まで切り抜いても
細かくて難しい場合、より紙をはね上げさせたい場合など、外側から一度の切り込みにしてもOKです。このときも、輪郭線に沿って外側の線はつなげて切りましょう。

写真の作品はNO.4
その他にNO.3、NO.6

15

NO.1 ジュエリー

輝きを放つ美しいジュエリー。
可憐なツルがからまります。

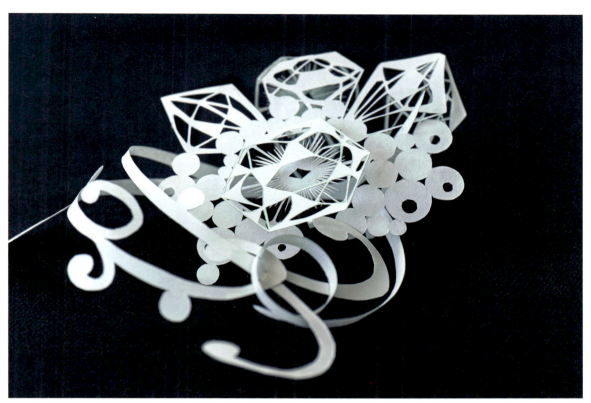

細かい装飾を施したジュエリーが、立体に重ねられています。

ツルのからませ方は
自由にアレンジしても。

NO.1 ジュエリー 下絵

この下絵は原寸大です。コピーして切り抜きましょう。

・コピー用紙、または同程度の薄さの紙を使用してください。
・作品のオモテ面はコピーした紙の裏側になります。
・細かくて線が切り抜けない場合は、拡大コピーしてください。
・本作品ではボンド、つまようじを使用しています。

―― ＝折り曲げ線（谷折り）　―― ＝折り曲げ線（山折り）

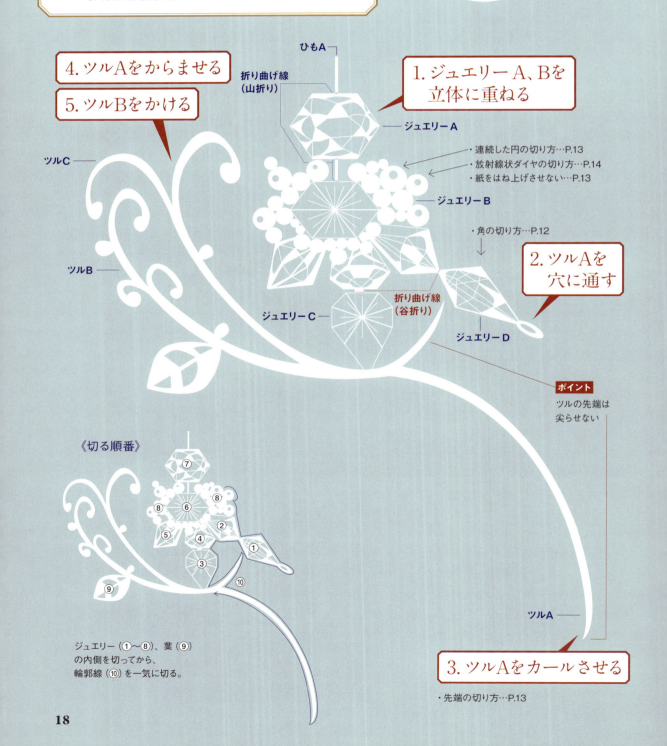

《立体の工程》
ジュエリーを立体に組み立て、ツルAの先端を穴に通しカールさせる。ツルA、B、Cをからませる。

4. ツルAをからませる
5. ツルBをかける

1. ジュエリーA、Bを立体に重ねる

・連続した円の切り方…P.13
・放射線状ダイヤの切り方…P.14
・紙をはね上げさせない…P.13

・角の切り方…P.12

2. ツルAを穴に通す

ポイント
ツルの先端は尖らせない

《切る順番》
ジュエリー（①〜⑧）、葉（⑨）の内側を切ってから、輪郭線（⑩）を一気に切る。

3. ツルAをカールさせる
・先端の切り方…P.13

18

組み立て方とポイント

内側を切り、作品を紙から抜く

ジュエリーと
ツルの内側を
すべて切り抜く

内側をすべて切り抜いたら、外側の輪郭線を一気に切り、作品を紙から丁寧に抜き取る。

1. ジュエリーA、Bを立体に重ねる

ジュエリーAを折り、
ジュエリーBに
立体に重ねる

作品を裏返して、オモテ面にする。ジュエリーAとBの間の折り曲げ線を山折りして、立体に重ねる。平行になる位置でひもAを外側（円のあるほう）に折り、ボンドで固定する（P.14参照）。

2. ツルAを穴に通す

ジュエリーC、D
を折り、ツルAを
穴に通す

ジュエリーC、Dの折り曲げ線を谷折りし、ツルAをジュエリーDの穴に通す。

3. ツルAをカールさせる

ツルAを
つまようじで
カールさせる

ツルAの先端を、つまようじで写真のようにオモテ面に向かって、大きめにカールさせる（P.15参照）。

4. ツルAをからませる

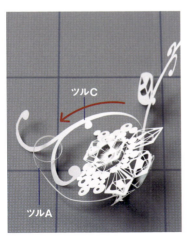

ツルCを
ツルAに寄せて
からませる

ツルCを反らせるようにして、ツルAに近づけて、カールさせたツルAの先端をツルCにからませる。

5. ツルBをかける

ツルBをツルCに
かけて、ボンドで
固定する

ツルBも反らせるようにして寄せて、写真のようにツルCにかける。裏側をボンドで固定して（P.14参照）完成。

NO.2 リング

大きな宝石とまわりの装飾が豪華なリング。
実際に指にはめてみることもできます。

Ring

アーム部分にも細かい装飾がされています。

NO.2 リング 下絵

この下絵は原寸大です。コピーして切り抜きましょう。

- コピー用紙、または同程度の薄さの紙を使用してください。
- 作品のオモテ面はコピーした紙の裏側になります。
- 細かくて線が切り抜けない場合は、拡大コピーしてください。
- 本作品ではつまようじを使用しています。

――＝切り込み線

《立体の工程》

大ジュエリーを束ねて、中央ジュエリーの穴に通し、細かく巻いて大きなジュエリーにする。アームの切り込みを起こし、輪にしてアームBにアームAを差し込む。

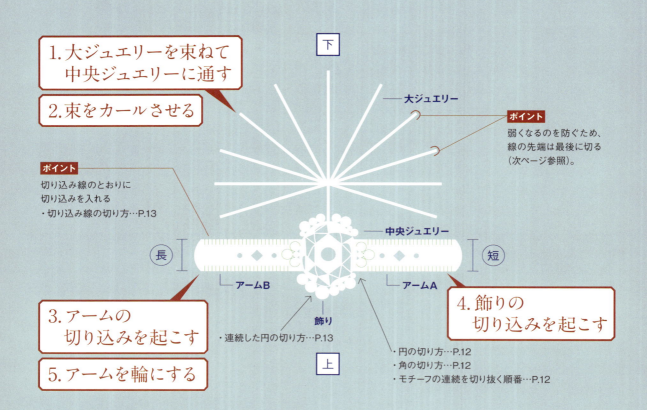

1. 大ジュエリーを束ねて中央ジュエリーに通す
2. 束をカールさせる

ポイント
切り込み線のとおりに切り込みを入れる
・切り込み線の切り方…P.13

3. アームの切り込みを起こす
5. アームを輪にする

ポイント
弱くなるのを防ぐため、線の先端は最後に切る（次ページ参照）。

4. 飾りの切り込みを起こす

・連続した円の切り方…P.13
・円の切り方…P.12
・角の切り方…P.12
・モチーフの連続を切り抜く順番…P.12

《切る順番》

ジュエリー（①②）、飾り（③）、アーム（④）の内側を切り抜き、飾り（⑤）とアーム（⑥）の切り込み線を切る。⑧以外の輪郭線（⑦）を切り、切り残していた⑧を最後に切る。

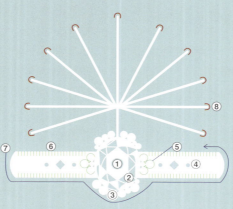

組み立て方とポイント

大ジュエリーの切り方

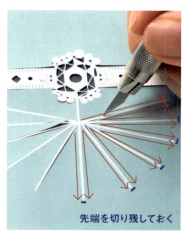

先端を残して線を切る

中心から外側に向かって両端を切っていき、すべて切り終えてから最後に先端をまとめて切る。こうすることで線が弱くならずに切ることができる。

1. 大ジュエリーを束ねて通す

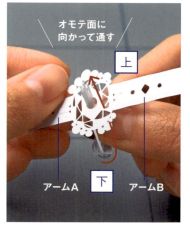

大ジュエリーを束ねて中央ジュエリーの穴にしっかり通す

作品を裏返して、オモテ面にする。大ジュエリーを内側に丸めるようにして束ね、中央ジュエリーの大きな穴の裏側から、束をすべて通しきる。

2. 束をカールさせる

1本ずつ根元までカールさせる

つまようじを使って、根元まで細かくカールさせる（P.15参照）。カールをまとめてP.21のように丸くボリュームをつける。

3. アームの切り込みを起こす

ウラ面に向かってアームの切り込みをしっかり起こす

作品を裏返して、アームの切り込みをカッターの刃を使って根元までしっかりと起こしていく。中央のジュエリーがつぶれないよう注意する。

4. 飾りの切り込みを起こす

飾りの左右の切り込みを平行に起こす

オモテ面に作品を返し、飾りの左右の切り込みをカッターの刃で、他の飾りと平行になるよう起こす。

5. アームを輪にする

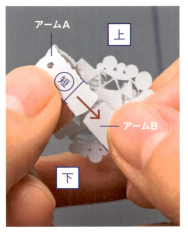

短いアームAをアームBに差し込む

アームA、Bを寄せて輪にし、アームAをアームBにしっかりと差し込み完成。ボンドで固定しても可。

NO.3 イヤリング-Ⅰ

美しい弧を描く羽のイヤリング。
羽はSouMaの代表的なモチーフです。

細く切ったひもを、ピアスパーツに結んでいます。

羽は、内側と端とで2段階に分けて切り込みを入れています。
この細かさが、リアルな羽の美しさにつながります。

Earring-II

NO.4
イヤリング-II

ゆらゆらと揺れる、動きが素敵なイヤリング。

NO.3 イヤリング-I 下絵

この下絵は原寸大です。コピーして切り抜きましょう。

- コピー用紙、または同程度の薄さの紙を使用してください。
- 作品のオモテ面はコピーした紙の裏側になります。
- 本作品ではピアス、イヤリングの金具をつけることができます。
- 本作品ではつまようじを使用しています。
- ＝切り込み線

《立体の工程》
用意したアクセサリーパーツに、羽をからませるようにして合わせ、ひもA、Bで結ぶ。つまようじでひもをカールさせる。

・先端の切り方…P.13

ポイント
紙が動いて切りづらくならないよう、ひもAの先端、ひもBを切り残しておく。

1. ひもA、Bを結ぶ
2. ひもA、Bをカールさせる

ひもB

ひもA

羽

ポイント
羽は最後に切る
・羽の切り方…P.15

ジュエリー
・円の切り方…P.12
・カーブのある線の切り方…P.12

《切る順番》
ジュエリーの内側（①）を切り、ひもA（先端以外）とジュエリーの輪郭線（②）を切る。羽（③）を切り、残りのひも（④）を切る。

組み立て方とポイント

一部を切り残しておく

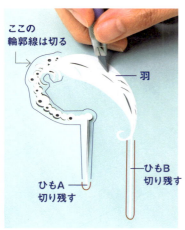

ポイント！

切りやすいよう
ひもの一部を
切り残しておく

羽は輪郭線のあとに切るので、他のパーツに引っぱられないよう、ひもAの一部とひもBを切り残しておく（羽の切り方は P.15 参照）。

オモテ面にする

輪郭線を
すべて切り、
紙から作品を抜き、
オモテ面に返す

ひもA、ひもBを用意したアクセサリーパーツに結びつける。または、ひもを結び合わせて完成でも可。

1. ひもA、Bを結ぶ

用意した
アクセサリー
パーツに結ぶ

金具に好きなように作品をからませながら、ひもをしっかり結びつける。ひもが細く切れやすいので気をつける。

2. ひもA、Bをカールさせる

つまようじで
ひもA、Bを
カールさせる

結び終えたひもを、つまようじで大きめにカールさせる（P.15 参照）。

作品の完成

接続部分が細く、切れやすいので注意する。

使用パーツ

今回は、しずく型のワイヤーピアス（約 40×30mm ゴールド）の金具を使用。イヤリングや別の形の金具でも使用可。

NO.4 イヤリング-Ⅱ 下絵

この下絵は原寸大です。コピーして切り抜きましょう。

- コピー用紙、または同程度の薄さの紙を使用してください。
- 作品のオモテ面はコピーした紙の裏側になります。
- 本作品ではピアス、イヤリングの金具をつけることができます。

―― ＝切り込み線　　―― ＝折り曲げ線（山折り）

《立体の工程》
羽にクセをつけ、折り曲げ線を山折りして羽と重ねる。輪に用意したアクセサリーパーツを通してつなげる。

1. 羽にクセをつける

羽

ポイント
羽は最後に切る
・羽の切り方…P.15 →

2. 折り曲げ線を折る

3. 輪にアクセサリーパーツを通す

輪

折り曲げ線（山折り）

ジュエリー
← ・モチーフの連続を切り抜く順番…P.12

《切る順番》
ジュエリー（①）の内側を切り抜き、羽以外の輪郭線（②）を切り、羽（③）を切る。

組み立て方とポイント

1. 羽にクセをつける

カッターの柄でクセをつける
作品を紙から抜いたら、ウラ面を上にしたまま手のひらに乗せる。カッターの柄を羽の上で回して羽にクセをつける。

羽にクセをつけた状態
接続部分の折る場所を確認しておく。

2. 折り曲げ線を折る

ジュエリーと羽を重ねる
折り曲げ線を山折りして、羽の上にジュエリーを重ね合わせる。

3. 輪にアクセサリーパーツを通す

輪を合わせてパーツを通す
イヤリングパーツの丸カンを開き、輪を2枚合わせた状態で通す。輪に通してつけられるタイプの金具を選ぶ。

羽を広げてより自然に

手で羽を広げより自然な印象に
手で羽の切り込みを広げるようにして、本物の羽の雰囲気に近づけてもいい。

作品の完成

今回は、丸カンのついたイヤリング（ネジバネ玉ブラ4mm 銅古美）の金具を使用。ピアスや別の形の金具でも使用可。

NO.5 ブローチ-I

1羽のチョウが葉にとどまって…
幻想的でロマンチックな作品。

NO.5 ブローチ-I 下絵

この下絵は原寸大です。コピーして切り抜きましょう。

・コピー用紙、または同程度の薄さの紙を使用してください。
・作品のオモテ面はコピーした紙の裏側になります。
・本作品ではブローチの金具をつけることができます。
・本作品ではつまようじを使用しています。
── ＝切り込み線

《立体の工程》
葉をチョウの下へ移動させ、触覚を頭の切り込みにさし込み、頭のひもで結ぶ。触覚をカールさせて、羽にクセをつける。前脚、後脚を折りブローチの金具をつける。

《切る順番》
葉の内側（①）、チョウの内側（②）を切り抜く。輪郭線（③）を切り抜き、頭の切り込み線（④）を切る。

1. 触覚を1回ひねる
2. 頭に触覚を差し込む
4. 触覚をカールさせる

3. 頭のひもを結ぶ

1. 葉をチョウの下へ移動する

触覚

頭

ひも

切り込み線の切り方…P.13

葉

6. ブローチの金具を通す

ポイント
葉の内側は左から右に切っていく（左利きは右から左に）

ポイント
輪郭線は刃の向きを変えたり、紙を回しながら一気に切り抜く。

チョウ
・カーブのある線の切り方…P.12 →

5. 羽にクセをつける

A
B
前脚

A
後脚
・先端の切り方…P.13

6. 脚を折り、金具をつける

《金具の通し方》

ピンのほうからバネまでぐるっと回すようにしてつける。今回はカブトピン（70mm 金古美）を使用。

組み立て方とポイント

1. 葉を動かし、触覚をひねる

葉をひねるようにしてチョウの下に持ってくる

作品を裏返して、オモテ面にする。葉を手前にひねるようにしてチョウの下へ持ってくる。触覚を指で1回右にひねって向きを変える。

2. 頭に触覚を差し込む

頭の切り込みに触覚をしっかり差し込む

1回ひねった状態の向きのまま、触覚を頭の切り込みに差し込む。

3. 頭のひもを結ぶ

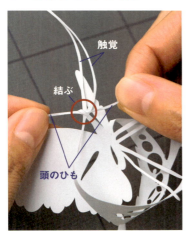

頭のひもが触覚の後ろにくるよう結ぶ

触覚を差し込んだまま、頭のひもを1回結ぶ。

4. 触覚をカールさせる

つまようじで大きめにカールさせる

触覚2本を、つまようじを使って写真のように大きめにカールさせる（P.15参照）。

5. 羽にクセをつける

柄を使って後ろ側にクセをつける

チョウの羽上部分に、カッターの柄を使って後ろ側に向かって軽くクセをつける。

6. 脚を折り、金具をつける

チョウの脚を手で軽く折る

前脚A、Bと後脚Aの半分ぐらいの位置を軽く手で折り、自然な動きをつける。ブローチにする場合は、葉の後ろ側の3つの穴に通す（前ページ参照）。

NO.6 ブローチ-Ⅱ

毛糸玉のようなジュエリーと遊ぶネコ。
重なるモチーフが可愛らしい作品です。

Brooch-II

3つに重ねる、ネコ、羽、ジュエリーのモチーフ。

NO.6 ブローチ-Ⅱ 下絵

この下絵は原寸大です。コピーして切り抜きましょう。

・コピー用紙、または同程度の薄さの紙を使用してください。
・作品のオモテ面はコピーした紙の裏側になります。
・本作品ではブローチの金具をつけることができます。
・本作品ではつまようじを使用しています。
―― ＝切り込み線

《立体の工程》
羽にクセをつけてから、ネコ、羽、ジュエリーの順で折らずに重ね合わせる。飾りひもをネコの後ろ脚の輪に通し、カールさせる。ブローチの金具をつける。

―― 飾りひも

4. 飾りひもを
カールさせる

3. 飾りひもを輪に通す

5. 金具を輪に通す

ジュエリー

ジュエリー玉
← モチーフの連続を切り抜く順番…P.12

―― ネコ

2. ネコの後ろに羽、
ジュエリーを
重ね合わせる

輪 ――

―― 輪

ポイント
羽を切るときに、他のパーツが引っぱられないよう一部の輪郭線を切り残す（次ページ参照）。

← 羽の切り方…P.15

羽 ――

1. 羽にクセをつける

《切る順番》
ジュエリー玉（①）、ネコ（②）、ジュエリー（③）の内側を切り抜く。⑥⑦以外の輪郭線（④）を切り抜き、羽（⑤）を切る。最後に切り残した⑥⑦を切る。

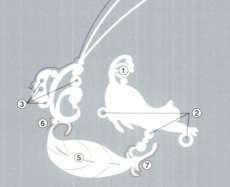

組み立て方とポイント

輪郭線を切り残しておく

ポイント！

切りやすいよう輪郭線を一部残しておく

羽は輪郭線を切ったあとに切るので、他のパーツに引っぱられないよう、赤い部分の輪郭線を切り残しておく（羽の切り方はP.15参照）。

1. 羽にクセをつける

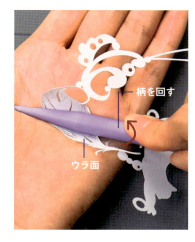

カッターの柄でクセをつける

作品を紙から抜いたら、ウラ面を上にしたまま手のひらに乗せる。カッターの柄を羽の上で回して、反るようなクセをつける。

2. パーツを重ね合わせる

ネコ、羽、ジュエリーの順で重ね合わせる

作品を裏返して、オモテ面にする。ネコの後ろに、羽を押し上げるようにして重ね、羽の後ろにジュエリーを回すように重ねる。※折らずに重ね合わせる。

3. 飾りひもを輪に通す

ネコの後ろ脚の輪に飾りひもを通す

片方の手で3つのパーツをおさえながら、飾りひもをネコの後ろ脚の輪にオモテ面から通す。

4. 飾りひもをカールさせる

つまようじで大きめにカールさせる

穴に通した飾りひもをつまようじで大きめに巻き、カールさせる（P.15参照）（完成は右写真参照）。

5. 金具を輪に通す

前脚、後ろ脚の輪にブローチの金具を通す

オモテ面の前脚の輪から、ウラ面の後ろ脚の輪にピンを通して完成。今回はカブトピン（70mm 金古美）を使用。

NO.7 ペンダント-I

花びらを重ねてつくる本物のようなバラ。
立体切り絵の楽しさがわかる作品です。

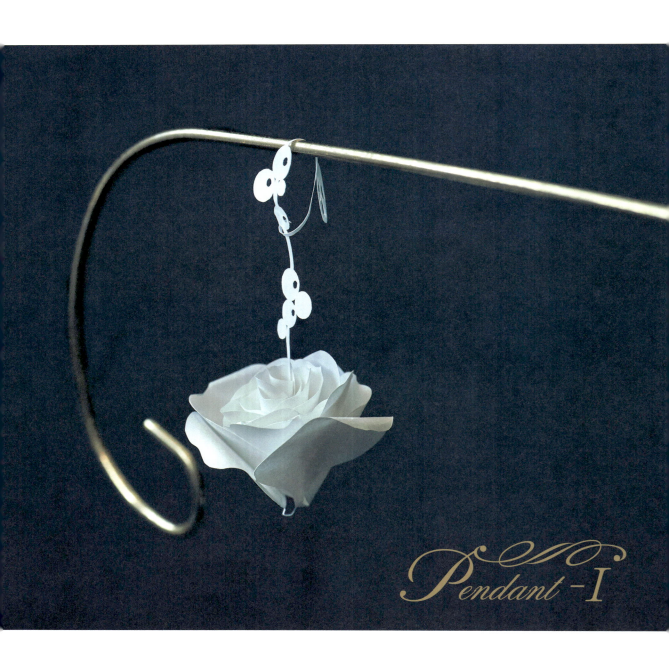

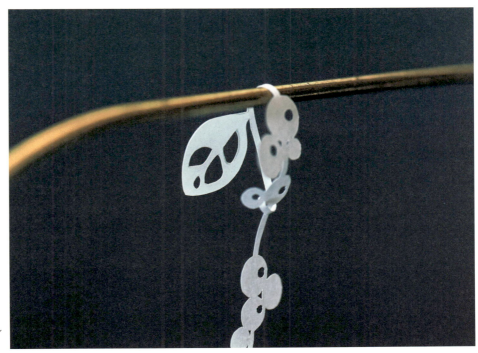

輪にしたツルで、チェーンなどとつなげられます。

NO.7 ペンダント-I 下絵

この下絵は125%に拡大コピーして切り抜きましょう。

- コピー用紙、または同程度の薄さの紙を使用してください。
- 作品のオモテ面はコピーした紙の裏側になります。
- 本作品ではつまようじ、ボンドを使用しています。
- ━━ ＝折り曲げ線（谷折り）

《立体の工程》
茎の上にツルを折り重ねてから、茎を巻く。茎に花びらを重ねていき、バラの花をつくる。ツルをカールさせて輪にする。

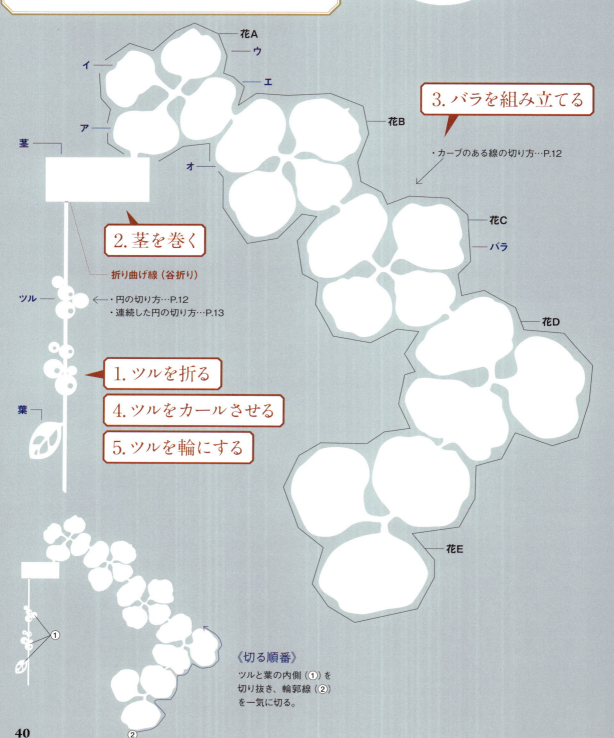

3. バラを組み立てる
・カーブのある線の切り方…P.12

2. 茎を巻く
折り曲げ線（谷折り）

← 円の切り方…P.12
・連続した円の切り方…P.13

1. ツルを折る
4. ツルをカールさせる
5. ツルを輪にする

《切る順番》
ツルと葉の内側（①）を切り抜き、輪郭線（②）を一気に切る。

組み立て方とポイント

作品を紙から抜く

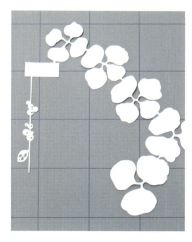

ポイント！

この状態から茎をつくる

ツルの内側を切り抜いてから、輪郭線を一気に切り、作品を紙から抜く。オモテ面に返さずに、このまま茎を巻いてつくる。

1. ツルを折る

ツルを折り、茎の上に乗せる

ツルの折り曲げ線を谷折りして、茎の上に乗せる。

2. 茎を巻く

茎の端からつまようじで巻いていく

茎の左端につまようじをあて、右に向かってくるくると茎を巻く。

ボンドで固定する

茎の端にボンドをつける

右端まで巻いたらつまようじを抜き、茎の端にボンドをつけて固定する（P.14参照）。

茎の完成

茎を固定した状態

この状態から茎の上に、バラの花びらを巻いていく。

3. バラを組み立てる

花びらにクセをつける

作品を裏返して、オモテ面にする。花Aのアの花びらの左右の両端に、つまようじを使って軽く内側に向かってクセをつける。

花びらにボンドをつける

両端と根元に少量つける

花びらを固定するために、ボンドをつける。花びらの両端と根元に少量ボンドを伸ばしつける（P.14 参照）。

花びらを固定する

茎を折り下げ、花びらで包む

茎を花びらの中心に向かって折り下げ、花びらを両端から包む。バラのふくらみを意識しながらふわっと包む。

花びらを重ねていく

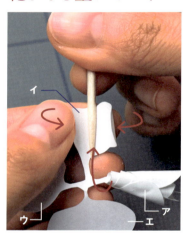

次々に花びらを重ねていく

次に花Aのイの花びらを重ねる。クセをつけて、アを包みボンドで固定する。ウ、エも同様にする。

花Bも同様に重ねる

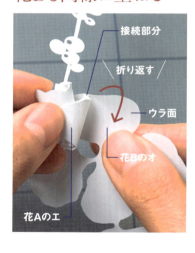

花Bも折り重ねて続ける

花Aのエと花Bのオの接続部分が上にくるが、オにクセをつけてから折り重ね、ボンドで固定してそのまま続ける。

バラのふくらみを意識する

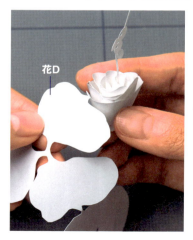

つぼみのようにギュッと包まない

バラの花のふくらみ、空間を意識しながら花びらを重ねていく。

ボンドは両端のみでも

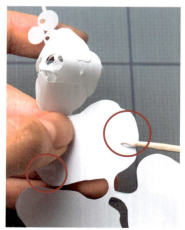

花B以降はボンドもクセも様子を見ながら

花B以降は、バラらしいふわっとした仕上がりを最優先させる。そのため、根元にボンドをつけなくても、花びらにクセをつけなくても可。

花びらの上にクセをつける

花Dからは
花びらの上部分に
クセをつける

花Dからは、花びらの上部分をつまようじで軽く巻き、外側にクセをつけるようにする。

花Eは根元だけ固定する

最後の花Eは
根元にだけ
ボンドをつける

大きな花びらなので、自然な動きが出るように根元にだけボンドをつけて固定する。

バラの完成

バランスを
見ながら雰囲気
よく仕上げる

花Eの花びらも、軽く外側にクセをつけ、バラの完成。

4. ツルをカールさせる

つまようじで
2回ほど
カールさせる

ツルの先端から、つまようじで2回ほど細かく巻いてカールさせる。

5. ツルを輪にする

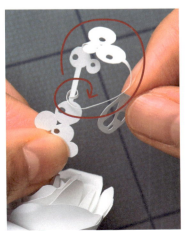

カールを
ツルに引っかけて
完成

カールさせた部分を、ツルにかけて輪にして完成。

チェーンとつなげたり、
チャームとして使っても
いいでしょう。

NO.8 ペンダント-II

2つの星が重なって揺れる、星のペンダントトップ。
オリエンタルな装飾からもれる光が輝きます。

Pendant -II

NO.8 ペンダント-II 下絵

この下絵は原寸大です。コピーして切り抜きましょう。

- コピー用紙、または同程度の薄さの紙を使用してください。
- 作品のオモテ面はコピーした紙の裏側になります。
- 細かくて切り抜けない場合は、拡大コピーしてください。
- 本作品ではつまようじ、ボンドを使用しています。

―― ＝切り込み線　―― ＝折り曲げ線（谷折り）

《立体の工程》
折り曲げ線A、B、Cを折り重ね、星Aを立体にする。星Bを折り重ね、ひもをカールさせて穴に通し輪にする。

5. ひもをカールさせる

ひも ――

← ・カーブのある線の切り方…P.12
← ・モチーフの連続を切り抜く順番…P.12

折り曲げ線D（谷折り）

―― 星B

折り曲げ線B
折り曲げ線C
折り曲げ線A

穴A ――

4. 星Bを折る

6. ひもを穴Aにかける

← ・切り込み線の切り方…P.13

―― 星A

1. 折り曲げ線Aを折る
2. 折り曲げ線B、Cを折り重ねる
3. 星の先端を固定する

《切る順番》
星B（①）と星A（②）の内側を切り抜き、星A（②）の切り込み線を切る。ひも（③）の内側を切り抜いてから、輪郭線（④）を一気に切る

星Aの中心は…

2本ずつ花芯を残して切る。
・紙をはね上げさせない…P.13

組み立て方とポイント

1. 折り曲げ線Aを折る

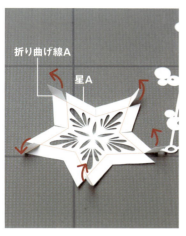

星Aの先端の折り曲げ線Aを谷折りに折る

作品を紙から抜いたら、ウラ面を上にしたまま、折り曲げ線Aをすべて谷折りする。

2. 折り曲げ線B、Cを折り重ねる

谷折りしてから、重なった部分をボンドで固定する

折り曲げ線B、Cをすべて谷折りする。折り曲げ線Bを手前にして、折り曲げ線Aに合わせて重ねる。重なった部分にボンドをつけて固定する（P.14参照）。

3. 星の先端を固定する

はみ出た先端を折り重ねボンドで固定する

折り曲げ線B、Cを折り重ねてはみ出した星の先端を、さらに内側に折り重ねてボンドで固定する（P.14参照）。

4. 星Bを折る

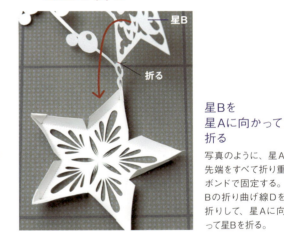

星Bを星Aに向かって折る

写真のように、星Aの先端をすべて折り重ね、ボンドで固定する。星Bの折り曲げ線Dを谷折りして、星Aに向かって星Bを折る。

5. ひもをカールさせる

ひもの先端をカールさせる

ひもの先端をつまようじで1回巻き、カールさせる（P.15参照）。

6. ひもを穴Aにかける

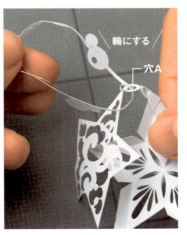

カールを穴Aにかけてひもを輪にする

カールの部分を穴Aにかけて、ひもを輪にして完成。

NO.9 チェーン-Ⅰ

リング状のチェーンに、
飾りひもをひねりながら編んでいきます。

NO.10 チェーン-Ⅱ

飾りひもをランダムに編み、引っぱることで
チェーンに表情を出します。

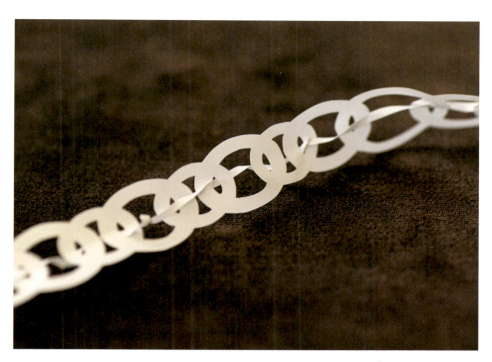

Chain - I

Chain - II

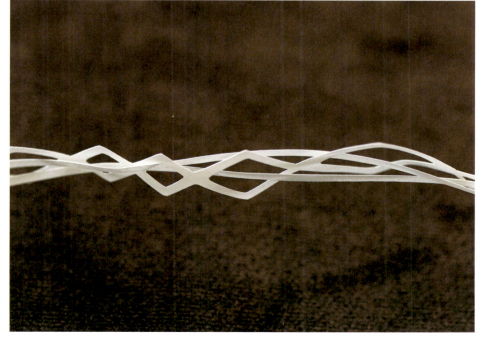

NO.9 チェーン-Ⅰ 下絵

この下絵は125％に拡大コピーして切り抜きましょう。

・コピー用紙、または同程度の薄さの紙を使用してください。
・作品のオモテ面はコピーした紙の裏側になります。
・本作品ではつまようじを使用しています。

《立体の工程》
チェーンを縦半分に軽く折って折り目をつけてから、ひもAでチェーンを編む。編み終えたひもAとひもBをカールさせて、ひもAを三角パーツにかける。全体をひねってクセをつける。

《穴の通し方》
→＝オモテ面から通す
→＝ウラ面から出す

ひもを通しながら、その間で、1回から2回ひもをひねったり、たるみをもたせたりして動きを出す。通す穴も自由に変えていい。

《切る順番》
チェーンの内側（①）を切り抜き、輪郭線（②）を切る。①も②も上から下に切ると切りやすい。

こちらの下絵を125％に拡大して切り抜いてください。

2. ひもAでチェーンを編む

3. ひもAをカールさせて、かける

ひもA
・ひもの編み方…P.13

《オモテ面》

4. ひもBをカールさせる

ひもB

チェーン

4. 全体をひねる

ポイント
切れ目にひもが引っかかると、編みづらくなるため、チェーンの内側はなるべく切れ目ができないようにする。

←・角の切り方…P.12

1. チェーンを軽く折る

三角パーツ

《ウラ面》

組み立て方とポイント

1. チェーンを軽く折る

縦半分に軽く折る
作品を裏返して、オモテ面にする。チェーンを縦半分に、軽く折り目がつく程度に折る。

2. ひもAでチェーンを編む

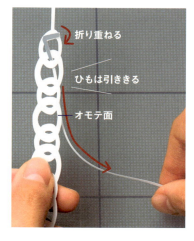

ひもAを折り、チェーンを編んでいく
折り目をつけたチェーンを開く。ひもAをチェーンに折り重ねてから、穴に通して編んでいく。ひと編みごとにひもは引ききる（P.13参照）。

自由に通していく

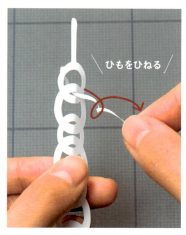

ひもに動きをつけながら前後に通していく
ひもを好きなようにひねったり、たるませたりして、動きをつけながら、前後に通して編む。見本のとおりの穴に通したい場合は、前ページの《穴の通し方》を参照。

3. ひもAをカールさせて、かける

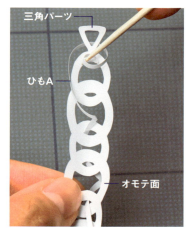

ひもAをカールさせて、三角パーツにかける
チェーンを編み終えたら、残りのひもAをつまようじでカールさせる（P.15参照）。カールを三角パーツの外側に、巻きつけるようにかける。

4. ひもBをカールさせて、全体をひねる

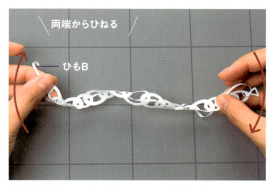

ひもBをカールさせてチェーンをひねる
ひもBの先端もつまようじでカールさせる（P.15参照）。チェーンの両端を持って、全体をひねってクセをつけて完成。

輪にするときは…

ひもBを三角パーツにかけて輪にする
チェーンなので、使い方は自由。下絵図を伸ばして長いチェーンにしたり、輪にしてブレスレットのようにしても。

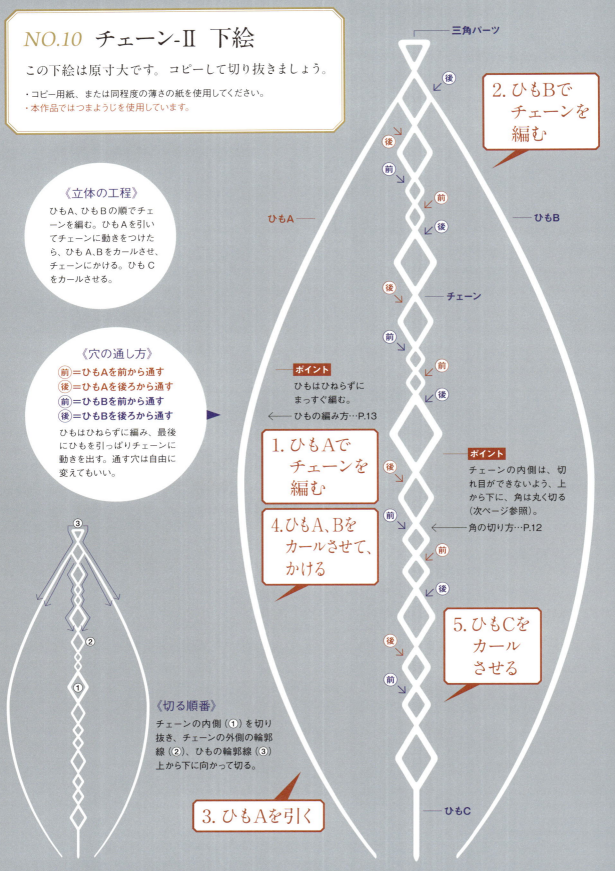

組み立て方とポイント

チェーンの内側の切り方

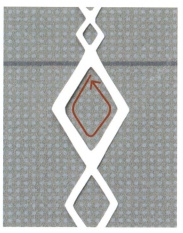

上から下に向かってぐるっと切り抜く

下部に切れ目があると引っかかりやすいため、上から下にぐるっと一周するように切り抜く。角は尖らせずに丸く切る（P.12参照）。

1. ひもAでチェーンを編む

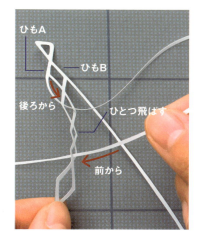

ひとつ飛ばしで後ろ、前の順で通す

チェーンの穴をひとつ飛ばしで、後ろから通す、前から通すの順で編んでいく。ひと編みごとにひもは引ききる（P.13参照）。ひもはひねらずにまっすぐ通す。

2. ひもBでチェーンを編む

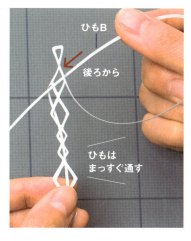

ひもAで通さなかった穴に通して編む

ひもAと同様に、後ろから、前からの順で編む。編み方を変えて自由に編んでもいい。見本のとおりにつくる場合は、前ページの《穴の通し方》を参照する。

3. ひもAを引く

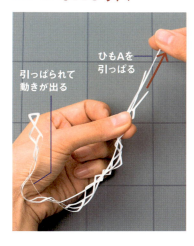

ひもAを引いて動きを出す

編み終えたら、ひもAを引っぱり、チェーン全体に動きを出す。引く加減は自由に、両方のひもを引いてもいい。

4. ひもA、Bをカールさせて、かける

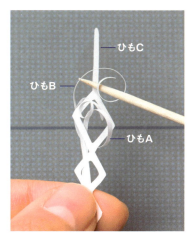

つまようじでカールをつける

ひもAは細かくつまようじでカールさせて（P.15参照）、最後のチェーンの穴にかける。ひもBは大きめにカールさせて、ひもCにかける。

5. ひもCをカールさせる

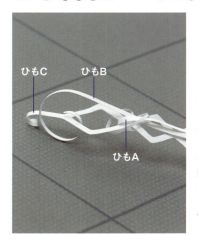

ひもCをカールさせて完成

ひもCの先端を、つまようじで1回巻いてカールさせて（P.15参照）完成。輪にする場合は三角パーツとひもCをつなげる。下絵図を伸ばしてチェーンを長くしてもいい。

NO.11 ネックレス-I

気品あふれる美しいネックレス。
繊細なカッティングのダイヤが輝きます。

中心のダイヤは立体に重なっています。

Necklace I

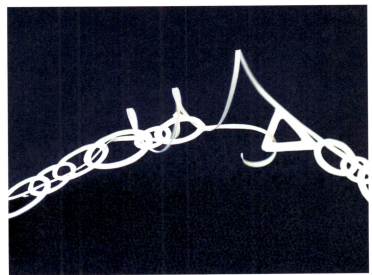

55

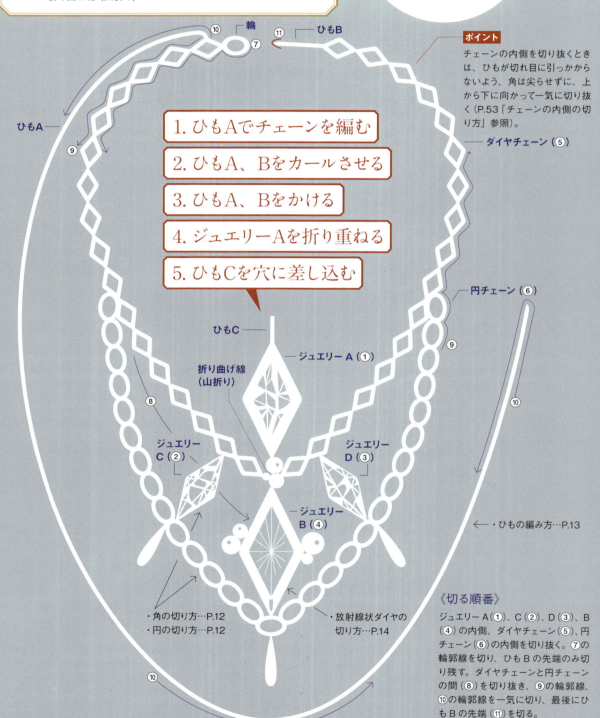

組み立て方とポイント

輪郭線を切り残しておく

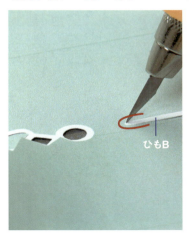

ポイント！

ひもBの先端は切り残しておく

長いひもAやチェーンの輪郭線が切りやすいように、ひもBの先端は切り残しておき、作品を紙から抜く直前に切る。

1. ひもAでチェーンを編む

ひもAを前後に通してダイヤチェーンを編む

作品を裏返して、オモテ面にする。ひもAを前後に通しながら、ダイヤチェーンだけを編む。

2. ひもA、Bをカールさせる

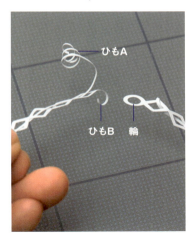

つまようじでひもA、Bをカールさせる

写真のように、編み終えたひもAをつまようじで細かくカールさせる。ひもBも先端をつまようじで1回巻いて、大きめにカールさせる（P.15参照）。

3. ひもA、Bをかける

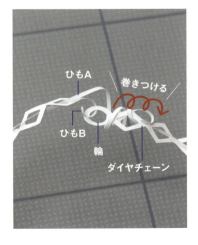

ひもAを巻きつけひもBを輪にかける

ひもAの細かいカールを輪とその先にあるダイヤチェーンに巻きつける。ひもBのカールを輪にかけてネックレスをつなげる。

4. ジュエリーAを折り重ねる

折り曲げ線を山折りして折り重ねる

折り曲げ線を山折りして、ジュエリーAをジュエリーBに重ね合わせる。

5. ひもCを穴に差し込む

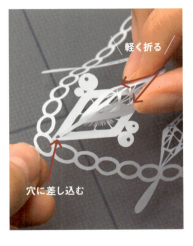

ジュエリーAを折り、ひもCを穴に差し込む

ジュエリーAを縦半分に折り、軽く折り目をつけて立体にする。ひもCをジュエリーBの穴に差し込んで完成。

NO.12 ネックレス-Ⅱ

チョーカータイプの可憐なチョウのネックレス。

飾りひもはランダムにからめて、上品に仕上げます。

NO.12 ネックレス-Ⅱ 下絵

この下絵は原寸大です。コピーして切り抜きましょう。

- コピー用紙、または同程度の薄さの紙を使用してください。
- 作品のオモテ面はコピーした紙の裏側になります。
- 本作品ではつまようじを使用しています。

《立体の工程》

ひもAをチェーンの穴に通したり、絡ませたり、巻きつけたりして自由に編む。ひもA、Bをカールさせて、チェーンと輪にかける。

1. ひもAでチェーンを編む

ここから切る

ひもB

輪

2. ひもA、Bをカールさせて、かける

チェーン①

ポイント
チェーン、チョウ、ツルの順で、左から右に内側を切り抜いていく（左利きは右から左に）。

- 円の切り方…P.12
- カーブのある線の切り方…P.12
- 角の切り方…P.12

ツル③

チョウ②

ひもA

ポイント
ひもの編み方は自由。ただし、ひと編みごとに必要な分だけひもを引ききる。

- ひもの編み方…P.13

ポイント
チェーンの外側からひもAまでぐるっと切り進めるときは、切りやすいように紙を回しながら切ってもいい。

《切る順番》

チェーン①、チョウ②、ツル③の内側を左から右へ順に切り、チェーンの内側の輪郭線④を切る。⑥⑦を切り残しながら、チェーンの外側の輪郭線⑤をぐるっと切り進めて、ひもAも切る。切り残しておいたひもB⑥、ひもAの先端⑦を切る。

組み立て方とポイント

輪郭線を切り残しておく

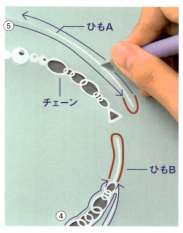

ひもAの先端、ひもBは切り残しておく

長いひもAやチェーンの輪郭線を切りやすいように、ひもAの先端と、ひもBは切り残しておき、作品を紙から抜く直前に切る。

1. ひもAでチェーンを編む

編み方は自由 好きなようにチェーンを編む

作品を裏返して、オモテ面にする。ひもAをチェーンの穴に前から通して編んでいく。編み方に決まりはないので自由に編んでいく。

見本の編み方①

編んだり ひねったり 円にかけたり

穴に通すだけではなく、ひもをたるませたり、ひねったり、穴に通さずにからませたりと、アレンジしてみる。

見本の編み方②

チョウの付近は大きくからませる

チェーンの穴がなくなるので、チョウのまわりは、円やツルに大きくからませる。たるませたり、ひねりながら雰囲気を出す。

見本の編み方③

後半も同様に編む

チョウ以降も、同様にアレンジしながら編む。

2. ひもA、Bをカールさせて、かける

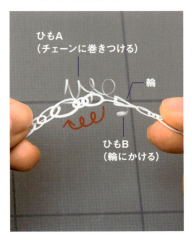

つまようじでひもA、Bをカールさせる

編み終えたひもAを、つまようじで細かくカールさせて、ひもB側のチェーンに巻きつける。ひもBも先端をつまようじで1回巻き大きめにカールさせ(P.15参照)、輪にかけて完成。

NO.13 ブレスレット-Ⅰ

実際に身につけるとデザインが素敵な、
高さ4cmの大振りなブレスレットです。

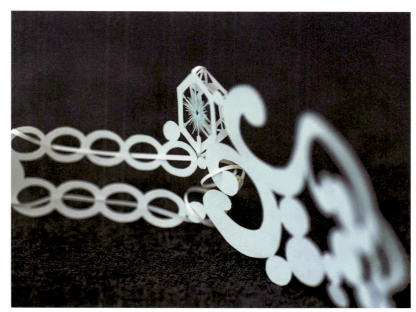

ダイヤや編み込まれたチェーンなど、
ボリュームたっぷりのデザイン。

NO.13 ブレスレット-I 下絵

この下絵は125%に拡大コピーして切り抜きましょう。

・コピー用紙、または同程度の薄さの紙を使用してください。
・作品のオモテ面はコピーした紙の裏側になります。
・本作品ではつまようじ、ボンドを使用しています。

―― ＝折り曲げ線（山折り）

《立体の工程》

ひもB、Cでチェーン A、Bを編み、編み終えたひもをカールさせてチェーンやジュエリーにからめる。ダイヤAをダイヤBに立体に重ね、ボンドで固定する。ひもAの先端をカールさせて、輪にかける。

3. ダイヤA、Bを立体に重ねる

4. ダイヤAを固定する

折り曲げ線（山折り）

ひもD
ダイヤA　ダイヤB
・放射線状ダイヤの切り方…P.14

― 輪

― ジュエリー A

← ・円の切り方…P.12
　・ひもの編み方…P.13

チェーンA ――　―― チェーンB

← ・先端の切り方…P.13

ひもB　　　　　ひもC

1. ひもB、Cで、チェーンを編む

2. ひもB、Cをからめる

ダイヤC
・角の切り方…P.12
・モチーフの連続を切り抜く順番…P.12

ジュエリー B
← ・連続した円の切り方…P.13

ひもA

5. ひもAを輪にかける

《切る順番》

ダイヤA（①）、B（②）、C（③）の内側を切り抜き、上から下に向かって、ジュエリーA（④）、チェーン（⑤⑥）、ジュエリーB（⑦）の内側を切り抜く。ひもA（⑫）とD（⑬）の先端を残して、ジュエリーの輪郭線（⑧⑨）をぐるっと切る。ひもB、Cの輪郭線を左から右に切り（⑩⑪）、最後に残していた⑫⑬を切る。

ポイント

紙が動いて切りづらくならないよう、ひもA、Dの先端を残す。ひもB、Cは左から右に切る（左利きは右から左に）。

64

組み立て方とポイント

ひもB、Cの切り方

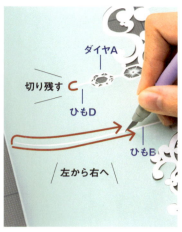

上下ともに左から右に向かって切る

ひもB、Cはそれぞれ左から右に切ると切りやすい（左利きの場合は右から左）。ひもA、Dの先端は切り残して最後に切り離す。

1. ひもB、Cで、チェーンを編む

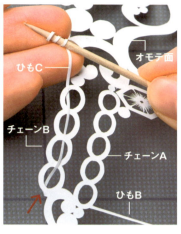

ひもB、Cでそれぞれチェーンを編む

作品を裏返して、オモテ面にする。ひもBはチェーンAを、ひもCはチェーンBをそれぞれ編む。両方とも裏側からひもを通して前後に編み進める。

2. ひもB、Cをからめる

残りのひもをカールさせてからめる

編み終えたひもB、Cをつまようじで細かくカールさせて（P.15参照）、チェーンやジュエリーにからめる。

3. ダイヤA、Bを立体に重ねる

ダイヤAをダイヤBに平行に折り重ねる

ダイヤAとBの間の折り曲げ線を山折りして、立体に重ねる。平行になる位置まで、ひもDをダイヤBの外側の穴に差し込む。

4. ダイヤAを固定する

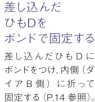

差し込んだひもDをボンドで固定する

差し込んだひもDにボンドをつけ、内側（ダイアB側）に折って固定する（P.14参照）。

5. ひもAを輪にかける

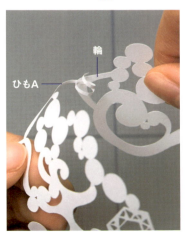

ひもAをカールさせて輪にかける

ひもAの先端を、裏側につまようじで2回巻いてカールさせる。カールを輪にかけて完成。

NO.14 ブレスレット-Ⅱ

ジュエリーのブレスレットに、チェーン、タッセルがついたブレスレット。
こちらも実際に身につけることができます。

NO.14 ブレスレット-Ⅱ 下絵

この下絵は125%に拡大コピーして切り抜きましょう。

- コピー用紙、または同程度の薄さの紙を使用してください。
- 作品のオモテ面はコピーした紙の裏側になります。
- 本作品ではつまようじ、ボンドを使用しています。

―― =切り込み線

輪
ジュエリー
← ・円の切り方…P.12

1. ひもAでチェーンを編む

5. ひもAをカールさせる

2. タッセルを巻く

9. タッセルにクセをつける

7. ひもDをジュエリーに巻く

タッセル
ひもD
ひもE
ひもA
チェーン

3. ひもEでタッセルを結ぶ

4. ひもEをカールさせる

- 連続した直線の切り方…P.13
- 切り込み線の切り方…P.13
- 紙をはね上げさせない…P.13

ひもC
ひもB

6. ひもB、Cをカールさせる

8. ひもB、Cを輪にかける

← ・ひもの編み方…P.13

← ・先端の切り方…P.13

ポイント
ひもA、ひもB、ひもCの先端は切り残しておき、輪郭線をすべて切った最後に切る。

《切る順番》
ジュエリー(①)、チェーン(②)の内側を切り抜く。タッセル(③)の切り込み線を切る。ひもA(⑧)、B(⑦)、C(⑥)の先端を切り残し、輪郭線(④)を切る。タッセルの輪郭線(⑤)を切り、切り残していた⑥⑦⑧を切る。

《立体の工程》
ひもAでチェーンを編む。タッセルを巻き、ボンドで固定しひもEで結ぶ。ひもE、A、B、Cをそれぞれカールさせる。ひもDをジュエリーに巻きつけてタッセルの位置を決める。ひもB、Cを輪にかける、タッセルにクセをつける。

組み立て方とポイント

輪郭線を切り残しておく

タッセルの連続した直線を切るときは…

細い直線が連続して続くので（切り方はP.13参照）、切りやすいよう側面と下部分の輪郭線を残しておき、最後にまとめて切る。

1. ひもAでチェーンを編む

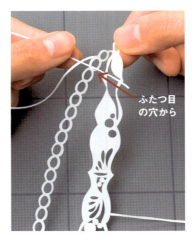

前後に通してチェーンを編む

作品を裏返して、オモテ面にする。ひもAをチェーンのふたつ目の穴に後ろから通し、前後に編んでいく。ひもはひねらずに編む。

2. タッセルを巻く

つまようじでタッセルを巻いて固定する

タッセルのウラ面を手前に向けて、左端につまようじをあてて、くるくるときつめに巻いていく。1/3ほど巻いてから、一度ボンドをつけて固定する（P.14参照）。

1/3以降はゆるめに

つまようじを抜きゆるめに巻いてボンドで固定する

1/3までしっかり巻いて固定したあとは、つまようじを抜き少しゆるめに巻き、最後にボンドをつけて固定する（P.14参照）。

3. ひもEでタッセルを結ぶ

ひもEでタッセルをしばり2回結ぶ

写真の位置でタッセルをひもEでしばり、2回ほどしっかり結ぶ。

4. ひもEをカールさせる

つまようじで大きめにカールさせる

結んだひもをつまようじで巻き、写真のように、カールさせておく（P.15参照）。

5. ひもAをカールさせる

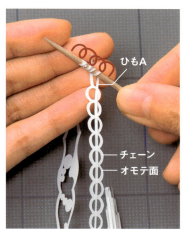

残りのひもAを細かくカールさせる

編み終えたひもAを、つまようじで細かく巻き（P.15参照）、根元までカールさせておく。

6. ひもB、Cをカールさせる

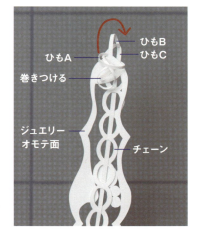

ひもAを巻きつけひもB、Cをカールさせる

ジュエリーの上にチェーンを重ねて、ひもAのカールをジュエリーに巻きつける。ひもBとCをそれぞれつまようじで、裏側に向けて大きめにカールさせる（P.15参照）。

7. ひもDをジュエリーに巻く

ひもDを巻いてタッセルの位置を決める

ウラ面に返して、ひもDの接続部分を上部にした状態から、手前にひもDをぐるっと巻きつける。

8. ひもB、Cを輪にかける

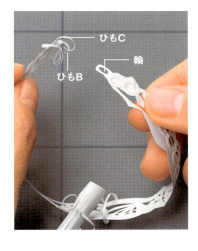

ひもB、Cをそれぞれ輪にかける

カールさせたひもB、Cを輪にかけて、ブレスレットにする。

9. タッセルにクセをつける

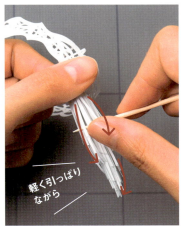

つまようじでタッセルの雰囲気を出す

つまようじを使って、タッセルのひも部分を1本ずつ軽く引っぱるようにして、自然なクセをつける。ふくらみをつけたり、向きを変えたりして、雰囲気を出して完成。

実際に身につけることも！

NO.15 ティアラ-I

SouMaの人気作品であるティアラ（P.98で紹介）を、
つくりやすくアレンジしました。

Tiara-I

NO.15 ティアラ-I 下絵

この下絵は125%に拡大コピーして切り抜きましょう。

- コピー用紙、または同程度の薄さの紙を使用してください。
- 作品のオモテ面はコピーした紙の裏側になります。
- 細かくて線が切り抜けない場合は、拡大コピーしてください。
- 本作品ではつまようじを使用しています。

《立体の工程》
端Aと端Bを合わせて作品を輪にし、ひもAで通し穴を編む。編み終えたひもAをカールさせて、ジュエリーに巻きつける。

1. 作品を輪にする
2. ひもAで両端を編む
3. ひもAをカールさせる

ひもA
・ひもの編み方…P.13

端A
通し穴A

ポイント
ジュエリーの内側を切り抜くときは、下絵を横にして左から右、奥から手前に向かって順に切っていく(左利きは右から左に)。

- 連続した円の切り方…P.13
- 円の切り方…P.12
- モチーフの連続を切り抜く順番…P.12

ジュエリー

《切る順番》
ジュエリーの内側(①〜②)を順に切り抜き、通し穴(③④)を切り抜く。ティアラの上下側面(⑤⑥⑦)を、上から下、左から右に切る(左利きは右から左に)。ひもA(⑧)を切る。

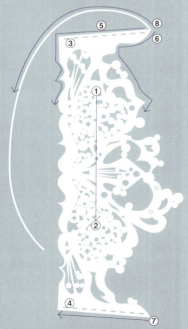
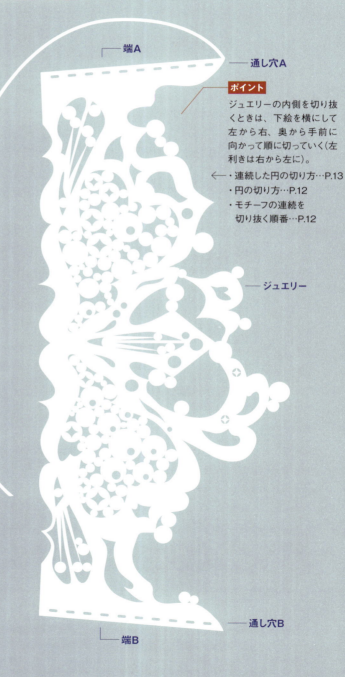

端B
通し穴B

組み立て方とポイント

ジュエリーの連続を切る

ポイント！

左から右に、奥から手前に順に切っていく

下絵を切るときは、作品を横にして切り始める。内側の連続したジュエリーの部分は、左から右、奥から手前に向かって切り進めるといい（左利きに右から左に）。

通し穴の開け方

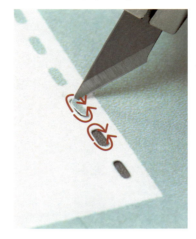

ポイント！

上下、半分ずつなめらかに切り抜く

左右の通し穴は、ひもAを通して編むので、切れ目がひもに引っかからないよう、上下半分ずつに分けてなめらかに切る。

1. 作品を輪にする

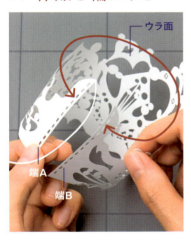

端Aと端Bを合わせて輪にする

下絵を切り作品を紙から抜いたら、そのまま両端を寄せて輪にする。重ねるのではなく、端Aと端Bを合わせる。

2. ひもAで両端を編む

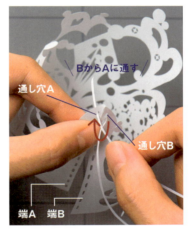

端Aと端Bをひもで縫い合わせていく

端Aから出ているひもAを、通し穴Bのひとつ目の穴に後ろから通し、そのまま通し穴Aのひとつ目の穴に通す。これをくり返して編んでいく。

ねじれないように編む

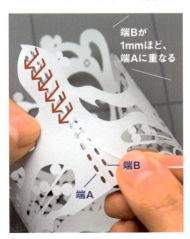

ポイント！

ひもAがねじれないように折りながら編む

ひもAはひと編みずつ引ききり、穴から穴へ通すときに、軽く折るようにしながらしっかりと編んでいく。ねじれないようきれいに仕上げる。

3. ひもAをカールさせる

カールさせたひもAをジュエリーに巻きつける

編み終えたひもAを、つまようじで細かく手前側にカールさせる（P.15参照）。写真のように、ジュエリーに巻きつけて完成。

NO.16 ティアラ-Ⅱ

ロマンチックなプリンセスティアラ。
中央と左右に大きなジュエリーが輝いています。

Tiara-II

前後で2層に分かれていて、中央のダイヤが立体になっています。

NO.16 ティアラ-Ⅱ 下絵

この下絵は125%に拡大コピーして切り抜きましょう。

- コピー用紙、または同程度の薄さの紙を使用してください。
- 作品のオモテ面はコピーした紙の裏側になります。
- 細かくて線が切り抜けない場合は、拡大コピーしてください。
- 本作品ではつまようじを使用しています。

—— ＝切り込み線　—— ＝折り曲げ線（谷折り）

《立体の工程》
折り曲げ線 A、B にカッターの刃を軽くあてて折り目をつける。ジュエリーAの切り込みを起こし、折り曲げ線 A、B を折り、折り目をつけておく。切り残しておいた切り込み線を切り、ジュエリーB をジュエリー A の穴 A に差し込む。ひも A をカールさせて輪にかけ、全体の形を整えて完成。

ひも A

折り曲げ線A

1. 折り曲げ線A、Bに折り目をつける

3. 折り曲げ線A、Bを折る

折り曲げ線B

4. 切り込み線を切る

ポイント
切り込み線は、立体の組み立ての途中で切る。
← ・切り込み線の切り方…P.13

6. ひもAをカールさせて、輪にかける

ティアラA

ダイヤA
・放射線状ダイヤの→切り方…P.14

穴A

ジュエリーA
・切り込み線の→切り方…P.13

5. ジュエリーBを穴Aに差し込む

ジュエリーB

※切り込み線は組み立ての途中で切るので残しておく。

2. ジュエリーAの切り込みを起こす

ダイヤB
・放射線状ダイヤの→切り方…P.14

ポイント
この作品のダイヤは小さめなので、中心のダイヤ型の切り抜きはあけなくてもいい（P.14参照）。

ティアラB

《切る順番》
ジュエリーB（①）、ダイヤB（②）、ジュエリーA（③）、ダイヤA（④）の内側を切り抜き、ティアラA、Bの内側（⑤）を左から右に切り抜いていく。ティアラA、Bの輪郭線（⑥）を左から右に切る（左利きは右から左に）。

輪

※切るときは、下絵を横にして（ジュエリーBを下にする）切る。

組み立て方とポイント

1. 折り曲げ線A、Bに折り目をつける

カッターの刃を軽くあてて折り目をつける

ウラ面から、折り曲げ線A、Bの線に沿って、軽く刃をあて、3mmずつぐらいの折り目をつけていく。刃は紙を貫通させず、折りやすくなるように、折り目をつける程度にあてる。

2. ジュエリーAの切り込みを起こす

カッターの刃で切り込みを起こす

ウラ面のままで、ジュエリーAの切り込みを、カッターの刃で垂直に立てて起こしていく。

3. 折り曲げ線A、Bを折る

折り曲げ線B、折り曲げ線Aの順で折り目を折る

折り曲げ線B、折り曲げ線Aの順で折り目を谷折りし、ティアラAの上にティアラBを重ねる。指でしっかり折り目をつける。

4. 切り込み線を切る

一度開いて、切り込み線に切り込みを入れる

折った折り曲げ線A、Bを開き、折り曲げ線に入っている切り込み線をすべて切り込む。

5. ジュエリーBを穴Aに差し込む

ジュエリーBの先端を折って穴Aに差し込む

ふたたび折り曲げ線A、Bを折り、ジュエリーBの先端のパーツを軽く縦半分に折りながら、ジュエリーAの穴Aに差し込む。

6. ひもAをカールさせて、輪にかける

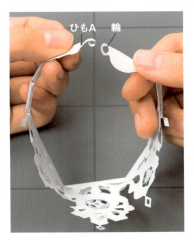

ティアラを輪にして形を整えて完成

ひもAを裏側に向かってカールさせ（P.15参照）、輪にかける。全体の形を整えて完成。

NO.17 カクテルハット-Ⅰ

大きなレースとダイヤがついた、
クラシカルな装いのハットです。

Cocktail hat -Ⅰ

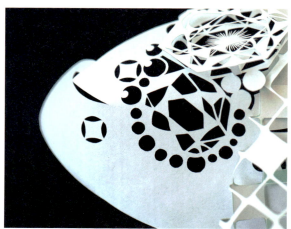

NO.17 カクテルハット-Ⅰ 下絵

この下絵は125%に拡大コピーして切り抜きましょう。

- コピー用紙、または同程度の薄さの紙を使用してください。
- 作品のオモテ面はコピーした紙の裏側になります。
- 細かくて線が切り抜けない場合は、拡大コピーしてください。
- 本作品ではつまようじ、ボンドを使用しています。
- ━━＝折り曲げ線（山折り）

《立体の工程》
ジュエリーA、Bを立体に重ねて固定する。ハットの左右を重ねて立体にする。レースをハットに折り重ねて固定する。ハットの上部を立体にし、ジュエリーAの下にレースをはさむ。

4. レースをハットに重ねる

5. レースを固定する

━━ レース
← ・角の切り方…P.12

ポイント
レースの内側は角が尖らないよう丸く切る。内側はアレンジして好きなように切り残してもいい（次ページ参照）。

ジュエリーA
ハットの先
ひもA

1. ジュエリーA、Bを立体に重ねる

2. ジュエリーAを固定する

━━ ジュエリーB
← ・放射線状ダイヤの切り方…P.14

━━ 折り曲げ線（山折り）

━━ ジュエリーC
← ・角の切り方…P.12
・モチーフの連続を切り抜く順番…P.12
・円の切り方…P.12
・連続した円の切り方…P.13

━━ ハット

3. ハットの左右を立体にする

6. ハットの上部を立体にする

《切る順番》
ジュエリーA（①）、B（②）、C（③④）の内側を切り抜く。レースの内側（⑤）を切り抜き、輪郭線（⑥）を一気に切る。

組み立て方とポイント

レースの切り方

線が切れないように注意しながら角は丸く切る

レースの線は細いので、線が切れないよう注意する。角は尖らせずに丸く切る。アレンジして、切り残す部分をつくってみる。

内側を切り抜いてから輪郭線を切る

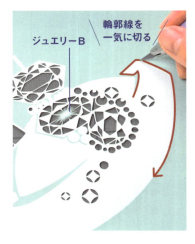

連続したモチーフが多いので丁寧に内側を切り抜く

ジュエリーBの放射線状ダイヤ（P.14参照）は小さめなので、中心のダイヤ型の切り抜きはあけなくてもいい。

1. ジュエリーA、Bを立体に重ねる

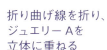

折り曲げ線を折り、ジュエリーAを立体に重ねる

作品を裏返して、オモテ面にする。ジュエリーAとBの間の折り曲げ線を山折りして、立体に重ねる。平行になる位置までひもAをジュエリーBの外側の穴に差し込む。

2. ジュエリーAを固定する

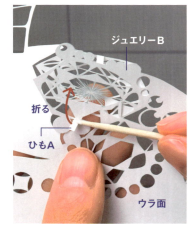

差し込んだひもAをボンドで固定する

作品をウラ面に返して、差し込んだひもAをジュエリーB側に折り、ボンドで固定する（P.14参照）。

3. ハットの左右を立体にする

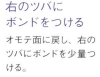

右のツバにボンドをつける

オモテ面に戻し、右のツバにボンドを少量つける。

重ね合わせて立体にする

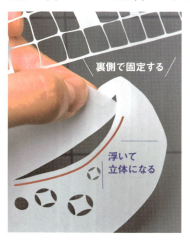

ハットとツバを重ね合わせて固定する

写真のように、ツバをハットの裏側に重ね合わせて固定する。ツバの位置を上げるほど立体が強くなる。

左側も同様に重ねる

左のツバもボンドで固定する

左側のツバにもボンドをつけて、同様にハットの裏側に固定して立体にする。

4. レースをハットに重ねる

レースを裏返して重ねる

写真のように、レースを裏返してハットの上に重ねる。どれぐらいの位置に重ねるかは自由に決めてもいい。

レースを折り重ねる

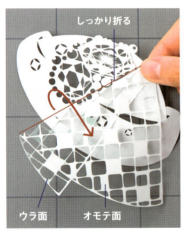

右側に重ねてしっかり折る

写真のように、レースを右側に折り重ねる。どれぐらい折るかは自由。決めたらしっかりと折り目をつける。

5. レースを固定する

レースの裏側にボンドをつけてハットと固定する

位置を決めたレースを一度持ち上げて、裏側にボンドをつけ、ハットと固定する。

6. ハットの上部を立体にする

ハットの先にボンドをつける

レースの左側にあるハットの先にボンドをつける。

ハットの先を固定する

ジュエリーAの下にレースをはさむようにする

ハットの先を左横のジュエリーの裏側に重ね、立体にして完成。このとき、ジュエリーAの下にレースをはさむような位置にするとレースも安定する。

NO.18 カクテルハット-Ⅱ

NO.17のカクテルハット-Ⅰとはまた違った、
リボンやバラが飾られた、甘さが漂うハットです。

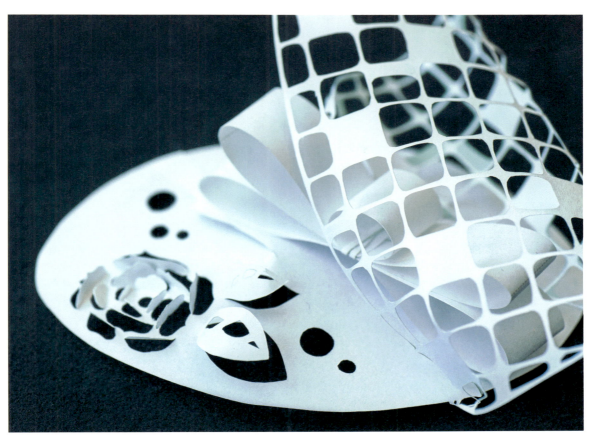

Cocktail hat -II

浮き上がるバラと、大きな立体のリボンが可愛らしい。

NO.18 カクテルハット-Ⅱ 下絵

この下絵は150%に拡大コピーして切り抜きましょう。

- コピー用紙、または同程度の薄さの紙を使用してください。
- 作品のオモテ面はコピーした紙の裏側になります。
- 本作品ではつまようじ、ボンドを使用しています。

―― ＝切り込み線　―― ＝折り曲げ線（谷折り）　―― ＝折り曲げ線（山折り）

《立体の工程》
リボンを重ねてひもAでリボンをとめ、リボンの結び目をつくる。切り込んだバラの花びら、葉を起こし、ハットの切り込み線を重ねて立体にする。リボンとレースをハットに固定する。

ポイント
下絵をコピーする場合は、A4以上の用紙を使用。A4の場合はリボンの端をコピー機のギリギリまで合わせる。

ひもA

1. リボンを重ねる
2. ひもAでリボンをとめる

リボンE

4. バラの花びらを起こす
5. 葉を起こす
6. ハットを立体にする

3. リボンの結び目をつくる
7. リボンを固定する

ポイント
リボンの折り曲げ線は折る目安で、実際はふんわりとリボンを重ねるだけで、線は折らないようにする。

バラ
← ・カーブのある線の切り方…P.12
← ・切り込み線の切り方…P.13

葉

リボンD

《切る順番》
バラと葉の内側と切り込み線（①）を切り、レースの内側（②）を切る。リボンの通し穴（③）をすべて切り抜く。ハットの切り込み線（④）を切り、輪郭線（⑤）を一気に切る。

リボン
通し穴

リボンC

ポイント
リボン、レース、ハットの接続部分をさわりすぎると切れてしまうので、慎重に扱う。

レース
・角の切り方…P.12 →

リボンB

8. レースを固定する

リボンA

組み立て方とポイント

レースの切り方

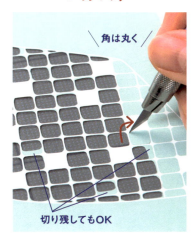

線が切れないように注意しながら角は丸く切る

レースの線は細いので、線が切れないよう注意する。角は尖らせずに丸く切る。アレンジして、切り残す部分をつくってみる。

バラの切り込み線の切り方

ポイント！

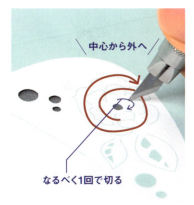

中心から外側に向かって切る

花びらの切り込み線は、中心から外側へ向かって回るように切っていく。ひとつの花びらは1回、または2回でカーブをなめらかに切る。

1. リボンを重ねる

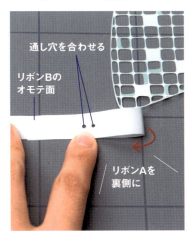

注意！
リボンは折らずにふんわりと重ねる

作品を裏返して、オモテ面にする。リボンAを裏側に回し、リボンBの通し穴と穴の位置を合わせる。リボンは決して折らずにふんわりと重ねること。

リボンEまで折り重ねる

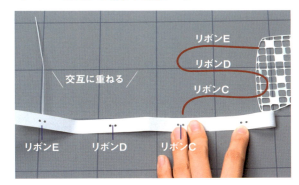

通し穴をしっかり合わせる

折り曲げ線は目安なので、こだわらずに通し穴をしっかり合わせるように重ねる。ふんわりとしたリボンにする。

重ね終わったところ

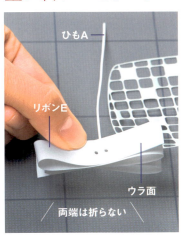

ひもAのあるリボンEが一番上にくる

両端はかならず折らずにふんわりと重ね、通し穴をしっかり合わせること。

2. ひもAでリボンをとめる

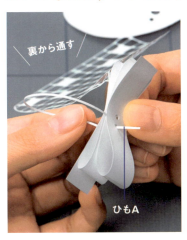

ひもAを後ろから通す

重ねたリボンをおさえながら、ひもAを後ろに回し、通し穴の左から出す。

組み立て方とポイント

横に3回通す

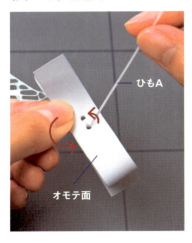

**ねじれないよう
きれいに通す**

ひもAを横に3回通す。ねじれないよう、軽く引っぱりながら、折るようにして通すときれいに仕上がる。

縦に2回巻き、固定する

**縦に2回巻いて
ひもAを固定する**

横に通したのと同様に、軽く引っぱりながら折るようにひもAを縦に2回巻く。残ったひもAの先端にボンドをつけてリボンに固定する。

3. リボンの結び目をつくる

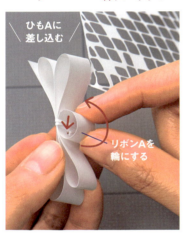

**リボンAを
輪にして
結び目をつくる**

リボンAの端をくるっと輪にして、リボンの結び目をつくる。リボンAは、縦に巻いたひもAに差し込む。差し込みが弱いときはボンドをつけて固定する。

リボンが完成した状態

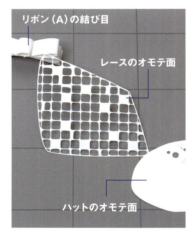

**全体の向きを
確かめてみる**

リボンの結び目と、レースとハットのオモテ面がこちらを向いている状態。

4. バラの花びらを起こす

**バラの花びらは
カッターの刃で
起こす**

切り込みを入れたバラの花びらを、カッターの刃を使って、垂直にしっかりと起こす。中心から外側に向かって順に起こしていく。

5. 葉を起こす

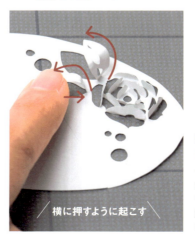

**指を使って
自然な
ふくらみを出す**

葉は、指で横に押し出すようにしながら、自然なふくらみを意識しながら起こす。

6. ハットを立体にする

端にボンドをつける

ハットの切り込み線にボンドをつける

ハットを立体にするため、切り込み線の端にボンドをつける。

重ね合わせて立体にする

5mmほど重ねる

5mmほど重ね合わせて固定する

切り込み線同士を5mmほど重ね合わせ、立体にして固定する。重ね合わせる分量を多くすると立体が強くなる。

7. リボンを固定する

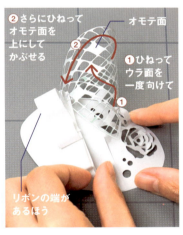

❷さらにひねってオモテ面を上にしてかぶせる
オモテ面
❶ひねってウラ面を一度向けて
リボンの端があるほう

リボンを固定する位置を決める

注意！ 各パーツの接続部が切れやすいので慎重に！ レースをひねるようにしてリボンを移動し、ハットの上に固定するリボンの位置を決める。

ボンドをつけて固定する

両端につける

リボンの両端にボンドをつける

リボンの両端にボンドをつけて、ハットの上に固定する。

8. レースを固定する

オモテ面

ボンドをつける

注意！ レースとリボンの接続部分が切れないよう慎重に！

レースをリボンの上にかぶせるように、ハットに固定する。一度位置を決めてから、写真のようにボンドをつける。

かぶせるように固定する

リボンにかぶせる

固定する

リボンにかぶせるように固定する

写真のように、レースをリボンの上にかぶせるようにして、ハットに固定する。

87

NO.19 かんざし-I

SouMaの作品でも多い、日本のモチーフ。
飾りが揺れる可憐なかんざしです。

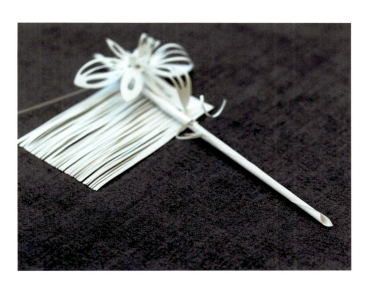

花は編みこむように立体に組み立て、
飾りは1mm以下の細さに切り込みを入れます。

Kanzashi-I

NO.19 かんざし-I 下絵

この下絵は150%に拡大コピーして切り抜きましょう。

- コピー用紙、または同程度の薄さの紙を使用してください。
- 作品のオモテ面はコピーした紙の裏側になります。
- 本作品ではつまようじを使用しています。
- ―― ＝切り込み線

《立体の工程》
花びらを立体に組み立て、花をつくる。かんざしA、Bを巻いてかんざしをつくり、花と合わせる。飾りとかんざしを重ね合わせて、ひもCでかんざしを結び、カールさせる。

巻き始め

2. かんざしをつくる

3. かんざしと花を合わせる

花びらC

かんざしA

ポイント
かんざしAにかんざしBを差し込んで長いかんざしにするので、かんざしBの右端は細めに巻く。

1. 花をつくる

かんざしB

ひもB

花びらB　花　花びらD

←巻き始め

4. 飾りをかんざしに合わせる

・紙をはね上げさせない…P.13

花びらA

輪　右側面

ひもA

飾り
・連続した直線の切り方…P.13
・切り込み線の切り方…P.13
・紙をはね上げさせない…P.13

ひもC

《切る順番》
花（①②③）、花びらA（④）、花びらB（⑤）、花びらC（⑥）の内側を切り抜き、飾り（⑦）の内側の直線を切る。輪郭線（⑧）を一気に切り、最後に飾りの輪郭線を⑨→⑩の順で切る。

5. ひもCでかんざしを結ぶ

6. ひもCをカールさせる

ポイント
下絵を切るときは、かんざしBを下にした状態で、下絵を横にして切る。

組み立て方とポイント

飾りを切る順番

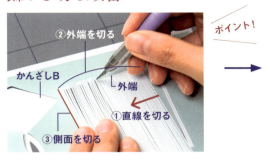

ポイント！

片方の側面は切らずに残しておくこと

飾りの切り込み線を切るときは、片方の側面（輪郭線）は切らずに残しておくこと。切ってしまうと、外端を切るときに紙が動いて切りづらくなる（前ページの《切る順番》も参照する）。紙の向きは切りやすい向きに変えながら切っていい。

飾りの直線の切り方

ポイント！

焦点をずらしながら外に向かって切る

どの線を切っているのか視点が合わなくなりやすいので、焦点をずらしながら切る。紙がはね上がらないよう、外端に向かって切る。直線を横にして切っていく場合は下から上へ、直線を縦にして切っていく場合は左から右に切る。

1. 花をつくる

花びらAのひもを花の穴に入れる

作品を紙から抜いたら、ウラ面を上にしたまま、花をつくる。花びらAを持ち上げ、ひもAを花の三角の穴（写真参照）に差し込む。

ひもAを中心の円から出す

差し込んだひもAを中心の穴から出す

差し込んだひもAを、中心の穴から出す。ひもAはすべて引き切る。

ひもAを細かくカールさせる

ひもAを根元までカールさせる

中心の穴から出したひもAを、つまようじで細かく根元までカールさせる（P.15参照）。

花びらB、Cも同様に

中心の穴で花びらB、Cもカールさせる

花びらB、Cも花びらAと同様にし、カールを一つのかたまりにしておく。花びらは写真のように曲線を描くようになる。

組み立て方とポイント

2. かんざしをつくる

かんざしAを巻く

かんざしAを巻き始め位置（P.90参照）から、細く巻いていく。巻きづらいときは、つまようじを巻き始めに入れて少し巻き、クセをつけると巻きやすくなる。

ボンドで固定する

右端を細めに巻き、ボンドで固定する

少し右端を細めに巻くよう意識して、巻き終えたらボンドを薄く伸ばし固定する。

巻き終わりの状態

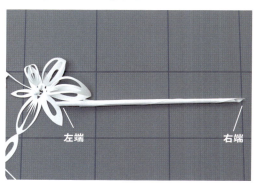

右端が細く巻けている

右端がかんざしの先端になるので、細めに巻く。左端はかんざしBを差すので細くなり過ぎないようにする。

かんざしBを巻く

かんざしBも同様に巻く

かんざしBも巻き始め位置（P.90参照）から、細く巻いていく。つまようじを使うと巻きやすい。

ボンドで固定する

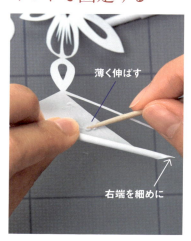

右端を細めに巻き、ボンドで固定する

かんざしAに差すので、少し右端を細めに巻くよう意識する。巻き終えたらボンドを薄く伸ばし固定する。

かんざしA、Bを合わせる

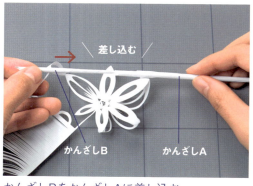

かんざしBをかんざしAに差し込む

写真のようにかんざしBをAに差し込む。はずれやすい場合はボンドで固定する。

3. かんざしと花を合わせる

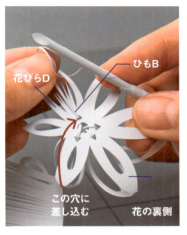

ひもBを
花の穴に
差し込む

かんざしとつながっているひもBを、花の裏側から写真のように、花びらDの三角の穴に差し込む。

ひもBを中心の穴に差す

花の表側に
出したひもBを
中心の穴に差す

花の表側に出したひもBを、中心の穴に差し込んで再度裏側に出す。ひもBはすべて差し込む。

ひもBをカールしてかんざしに巻く

ひもBを
かんざしに
巻きつける

中心の穴から花の裏側に出したひもBを、つまようじでカールさせる（P.15、P.91の「ひもAを巻く」参照）。カールをかんざしに巻きつける。

4. 飾りをかんざしに合わせる

飾りを
かんざしの
後ろに重ねる

飾りを後ろに回すようにして、かんざしに重ねる。そのときに、かんざしの先を輪に通す。

5. ひもCでかんざしを結ぶ

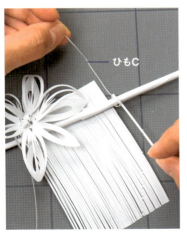

ひもCをはさみ、
かんざしを結ぶ

飾りについているひもCをかんざしにはさみ、2回ほどしっかりと結ぶ。

6. ひもCをカールさせる

ひもCを
カールさせて
完成

ひもCをつまようじで大きめにカールさせて（P.15参照）完成。仕上がりはP.88を参照。

NO.20 かんざし-Ⅱ

花とツルを美しく巻きつけた作品。
アレンジ次第で違った表情にすることも。

Kanzashi -Ⅱ

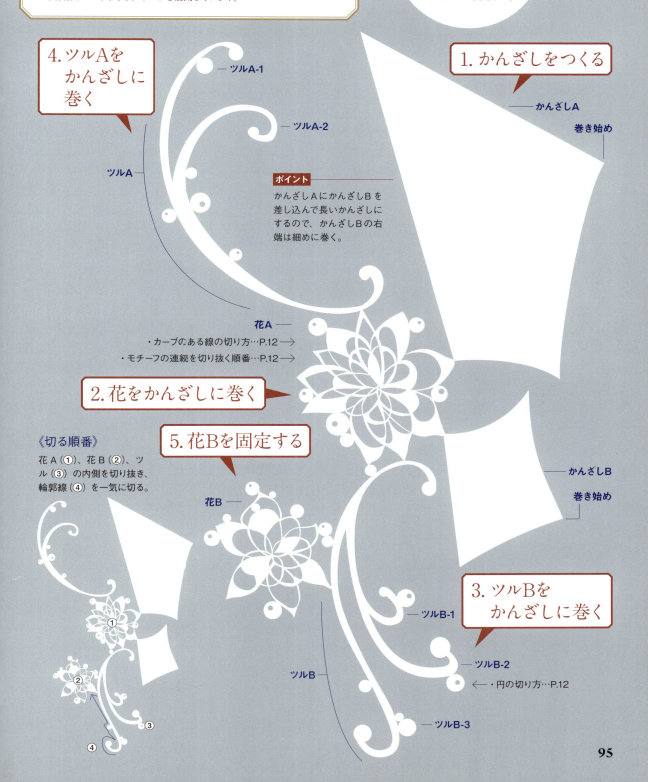

組み立て方とポイント

連続したモチーフを切り抜く

となり合わせに中心から外へ切り抜いていく

連続した複雑なモチーフを切り抜くときは、左から右にとなり合わせに、中心から外へ向かって切り抜いていく（左利きは右から左に）。

1. かんざしをつくる

かんざしAを巻く

作品を紙から抜いたら、ウラ面を上にしたまま、かんざしをつくる。かんざしAを巻き始め位置（P.90参照）から、細く巻いていく。巻きづらいときは、つまようじを巻き始めに入れて少し巻き、クセをつけると巻きやすくなる。

ボンドで固定する

右端を細めに巻き、ボンドで固定する

少し右端を細めに巻くよう意識して、巻き終えたらボンドを薄く伸ばし固定する。

かんざしBを巻く

かんざしBも同様に巻き固定する

かんざしBも巻き始め位置（P.90参照）から巻く。かんざしAに差すので、少し右端を細めに巻くよう意識する。巻き終えたらボンドを薄く伸ばし固定する。

かんざしA、Bを合わせる

かんざしBをかんざしAに差し込む

写真のようにかんざしBをAに差し込む。

はずれやすいときは…

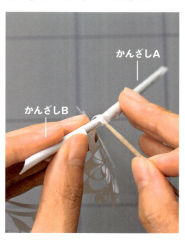

内側にボンドをつけて固定する

差し込んだかんざしが抜けやすいときは、ボンドをつけて固定しておく。

2. 花をかんざしに巻く

花Bを
1回転させる

かんざしを差し込んだ状態（P.96「かんざしA、Bを合わせる」参照）から、花Bを手前に向かって1回転させ、写真のようにかんざしの下位置にする。

3. ツルBをかんざしに巻く

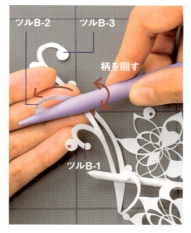

ツルBを
カッターの柄で
カールさせる

ツルB-1、B-2、B-3をカッターの柄を使って、手前に向かってカールさせる（P.15参照）。

カールさせた状態

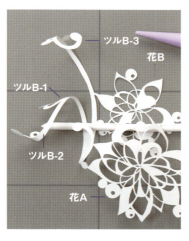

これぐらい
カールさせれば
OK

つまようじではなく、カッターの柄を使うので、大きめにカールをつければいい。

かんざしに巻きつける

カールさせた
ツルBを
手前に巻きつける

ツルB-3をぐるっと手前に巻きつけ、B-2、B-1もかんざしに巻きつける。安定しない場合は、かんざしの裏にあたる部分にボンドをつけて固定する。

4. ツルAをかんざしに巻く

ツルAを動かし、
花Bに引っかける

ツルAをかんざしの下に通して、花Bのほうに持っていき、ツルA-2を写真のように花Bに引っかける。安定しない場合は、ボンドをつけて固定する。

5. 花Bを固定する

花Bと
かんざしの裏を
固定する

花Bのかんざしの裏にあたる部分に、ボンドを少量つけてかんざしに固定し完成。その他にも、形がくずれそうなところがあればボンドで固定する。

SouMaの創作作品集

たった1枚の紙から作られたアート。

繊細な装飾を施しながら、感性のままに、
すべてのパーツをつなげたまま制作された作品です。

ティアラ（2013）
W150 × H100 × D150mm
©Kaminote nippon

神の首飾り（2012）
W380 × H460 × D30mm
©Kaminote nippon

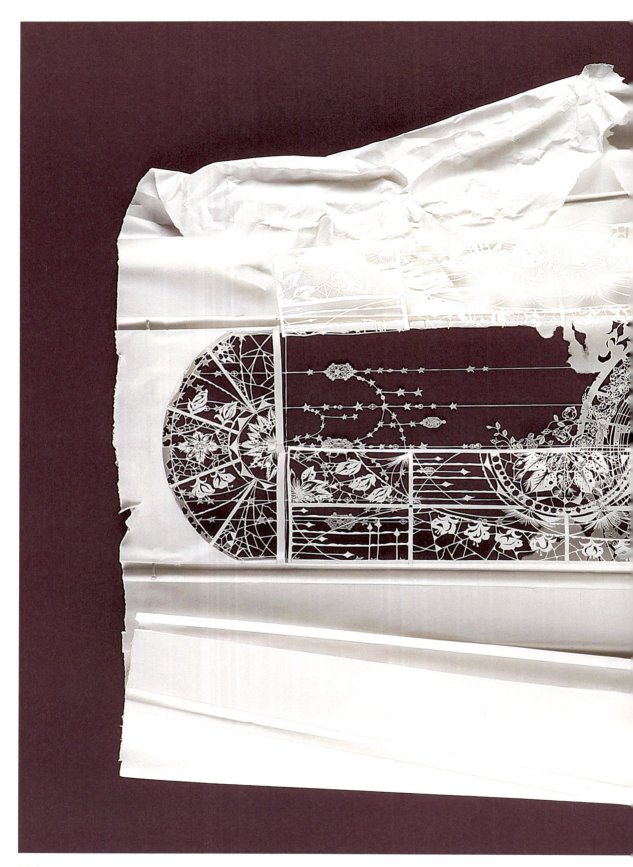

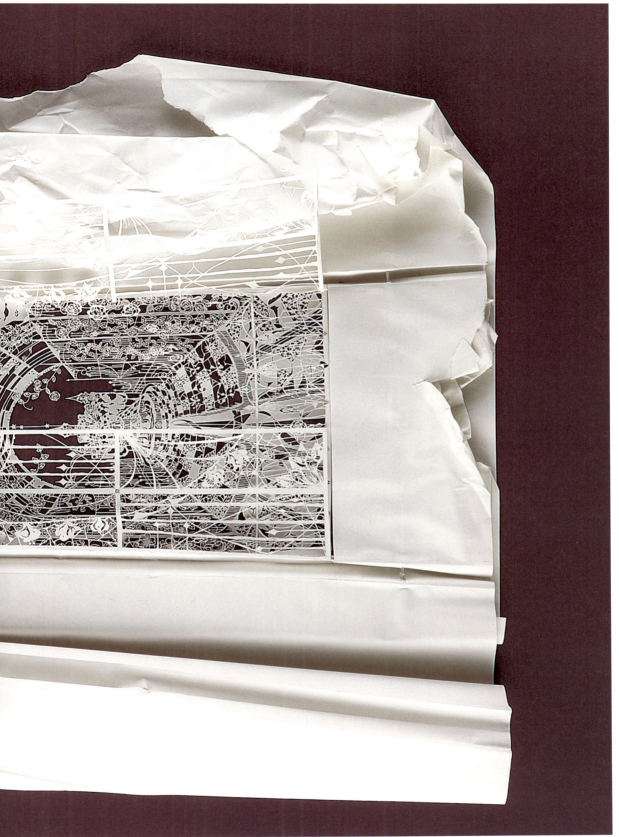

Garden (2012)　W420 × H535 × D50mm　©Kaminote nippon

雪解けの時 (2013) W360 × H480 × D95mm ©Kaminote nippon

SouMa（ソウマ）

立体切り絵作家。島根県松江市生まれ、在住。松江市観光大使。

幼少の頃から独学で切り絵を始める。1枚の紙からつくられる繊細かつ立体的な作品が、「切り絵」の概念を超えたものとして注目される。実演、パフォーマンス、切り絵教室の他、講演なども行う。メディア出演多数。作品「Garden」で2013年雪のデザイン賞銀賞を受賞。著書に『立体切り絵作家SouMaの初めてでもできる立体切り絵』（産業編集センター）がある。

公式ホームページ　http://www.souma-wkh.com
ファンクラブ　http://www.souma-wkh.com/soumafunclub/

STAFF

企画	産業編集センター
編集	青木奈保子（ルーズ）
スタイリスト	木村ゆかり
協力	WKHソリューションズ
撮影小物協力	AWABEES／03-5786-1600　EASE／03-5759-8266　UTUWA／03-6447-0070

立体切り絵作家SouMaの　ジュエリー＆アクセサリー図案集

2017年2月25日　第一刷発行

著者	SouMa
撮影	下村しのぶ（カナリア）／カバー、静物 福井裕子／プロセス
装幀	小林沙織（サバデザイン）
発行	株式会社産業編集センター 〒112-0011　東京都文京区千石4-39-17
印刷	株式会社シナノパブリッシングプレス

©SouMa & WHK solutions　Printed in Japan
ISBN978-4-86311-147-9　C2076

本書掲載の写真・文章・図案を無断で転載することを禁じます。
乱丁・落丁本はお取り替えいたします。